명상적 걸기

명상적 걷기

1판 1쇄 | 2012년 10월 10일
1판 2쇄 | 2015년 8월 10일

지은이 | 이기현
펴낸이 | 양기원
펴낸곳 | 학민사

등록번호 | 제10-142호
등록일자 | 1978년 3월 22일

주소 | 서울시 마포구 독막로 10 성지빌딩 715호(121-897)
전화 | 02-3143-3326~7
팩스 | 02-3143-3328

홈페이지 | http://www.hakminsa.co.kr
이메일 | hakminsa@hakminsa.co.kr

ISBN 978-89-7193-209-4(03690), Printed in Korea

이 도서의 국립중앙도서관 출판시도서목록(CIP)은 e-CIP홈페이지(http://www.no.go.kr/ecip)와
국가자료공동목록시스템(http://nl.go.kr/kolisnet)에서 이용하실 수 있습니다.
(CIP제어번호 : CIP2012004356)

| 운 | 동 | 을 | 알 | 면 | 감 | 동 | 이 | 온 | 다 | ! |

명상적 걷기

이기현 지음

학민사
Hakmin Publishers

'몸 힘'은 운동에 별 재능이 없는 내가 세계적인
운동선수, 무용가들의 몸짓을 바라보며
'왜 나는 저들과 다른가?' 궁금해 하고 좌절하고 고민하다 마침내
도달한 결론이었다.

이 힘은 일상생활에서 주로 사용하는 팔 힘(또는 다리 힘)과는 달리
감추어진 힘, 통합된 힘이다.

누구나 몸 힘을 갖고 있으나 잘 쓰지 못하는 건 팔 힘쓰는 것에
익숙해져 있기 때문이다.

팔 힘을 버리면 몸 힘은 저절로 드러난다.

꽤 오랜 세월 바른 길을 찾지 못하고 방황을 거듭하던 중 어느 날
문득 '그것'의 실체에 처음 다가갔던 그 때가 내 인생에서 몇 안 되는
드문 체험 중 하나였다.

이후 그때까지 읽어도 무슨 내용인지 도통 몰랐던 책들을 다시 꺼내
읽어 보니 신기하게도 의문투성이였던 내용들 대부분을 이해할 수
있었다.

뿐만 아니라 옳은 설명과 옳지 않는 설명을 꽤 분명하게 구분할 수
있게 되었다.

내가 찾은 이 길이 바른 길이라는 확신을 얻었다.

재능이 없는 탓에 이 간단한 걸 깨닫기까지 상당한 시간을
허송세월했다고 여겼는데
전혀 의미가 없는 건 아니었던 것 같다.
천부적 재능을 타고 난 이는 자기 자신은 몸 힘을 쓸 줄 알지만
단지 감각적으로만 알고 있을 뿐 논리적으로 설명을 하지 못하는
경우를 많이 보았다.
이미 몸이 완성된 사람은 출발선에 선 즉시 달려갈 수 있는 반면
나는 달리고 싶어도 출발선에 서는 법을 몰랐기 때문에 숱한
시행착오를 겪어야만 했던 것이다.
이 과정에서 예상치 못하게 얻은 귀중한 경험이 많았다.
재능이 뛰어나 준비 과정을 생략하고 바로 달려갈 수 있었던 것을
과연 축복이라고만 할 수 있을지 의문스럽다.
타고난 재능이 없는 덕분에 나는 비교적 합리적으로 몸 힘을 잘
설명할 수 있는 능력을 얻게 된 것 같다.

대다수 사람들은 뇌가 직접 팔(또는 다리)에 명령을 내려 움직이는
것을 당연하다 여긴다.
그러나 뇌가 직접 팔을 움직이게 해서는 안 된다.

뇌가 팔에 직접 명령을 내리면 팔 힘이 나온다.

뇌는 오로지 움직임의 근본이 되는, 몸 안의 한 점인 '그것',

즉 코어(core, 核)와 소통하고

코어가 팔을 움직이게 할 수 있어야 몸 힘이 나온다.

나아가 뇌가 코어에 명령을 내린다는 행위마저 잊어버릴 수 있게

되면 몸은 최대의 몸 힘을 낸다.

이 때 몸은 오로지 무위자연(無爲自然)을 따를 뿐인 것이다.

유감스럽게도 몸 힘을 쓰기 위해 팔 힘 버리기가 쉽지 않다.

이걸 버린다는 건 그 동안 당연한 상식으로 알고 있었던 것에

오류가 있음을 자각하고 솔직하게 인정함으로써 발상의 전환을

가져와야 하기 때문이다.

그걸 뒤집어엎을 만큼 확신을 갖게 되기 전까지 함부로 팔 힘을 버릴

수는 없다.

뇌가 코어에 명령을 내리는 것은 운(運),

코어가 팔(또는 다리)를 움직이는 것은 동(動)에 해당한다.

모든 몸 움직임은 항상 운(運)하고 동(動)해야 한다.

운(運)없이 동(動)하는 건 바른 움직임이 아니다.

이것이 바른 몸 움직임의 진실이고 진리다.

이렇게 단정적으로 말할 수 있는 건 이것이 나 혼자만의 주장이

아니고 이미 앞서 가신 분들의 한결같은 말씀이기 때문이다.

달을 가리키는 손가락이 다를 뿐 핵심은 모두 같은 것이다.

운동(運動)을 알면

감동(感動)이 온다.

운동의 동(動)은 몸이 움직인 것이고

감동의 동(動)은 마음이 움직인 것이다.

같은 동(動)이지만 의미가 다르고, 의미는 다르지만 근본은 같다.

이렇듯 몸과 마음은 아주 미묘하고 섬세한 방식으로 서로 연결되어

있다.

깊은 곳으로부터 느낌이 있어야 마음이 움직이듯

마음과 소통하는 근본이 되는 '그것',

즉 코어를 볼 수 있게 되었을 때

몸은 비로소 바르게 움직인다.

스스로 운(運)하고 동(動)한다고 여겼다가
더 깊은 곳에서 운(運)하는 법을 발견하면
마음은 또 다시 감(感)하고 동(動)한다.

운동(運動)의 원리를 알기 위해 바른 몸만들기를 해야 한다.
속근육(inner muscle) 기르는 연습을 체(體)라 하고
바르게 몸 움직이는 연습을 통해 코어를 자각하는 것을 용(用)이라
한다.
역으로 코어를 자각하는 만큼 속근육이 단련된다.
단련이란 체(體)와 용(用)이 끊임없이 서로를 자극하는 관계이다.

체(體)를 통해 용(用)을 알고
용(用)이 깊어질수록 무위(無爲)에 접근한다.

몸과 정신은 분리될 수 없으므로 몸에 쌓인 쿵푸(工夫)는 반드시
정신의 덕(德)이 된다.
나아가 새로운 관점에서 인문학적 지식에 접근할 수 있는 단초가
된다.

이 책은 앞서 나온 '그 남자의 몸만들기'와 여러 가지 의미로
연결되어 있다.
앞 책이 몸 힘 중 큰 힘에 관한 이야기였다면
이 책은 몸 힘 중 섬세한 힘에 관한 내용을 정리한 것이다.
앞 책이 몸 힘에 관한 주제를 제시하였다면
이 책은 몸 힘에 관한 변주와 같다.
아무튼 둘 다 몸 힘에 관한 책이다.

같은 뿌리에서 이토록 극단적인 두 종류의 힘이 나온다는 사실은
대단한 역설임과 동시에 오묘한 진실이기도 하다.
비록 남들이 알아주는 길은 아니지만 분명 평생을 투자하여 걸어갈
만한 가치가 있는 길이다.

차 례 명 상 적 걷 기

머리말 ____ 4

첫째마당 몸힘

01 코어(The Core, 核) ____ 14
02 몸 힘 ____ 19
03 척추 펴기 ____ 22
04 등 펴기 ____ 27
05 회전축 ____ 32
06 중심 이동 ____ 35
07 흐름 ____ 41
08 유위부자연 ____ 47

둘째마당 체 용(體用)

01 체(體)와 용(用) ____ 54
02 호흡 ____ 61
03 명상적 운동 ____ 65
04 저중량 고반복 ____ 68
05 방편 ____ 70

셋째 마당 걷기

01 1단계 – 힐 & 토(heel & toe) ____ 100
02 2단계 – 낙하와 회복(fall & recovery) ____ 109
03 3단계 – 스윙(swing) ____ 122
04 4단계 – 비틈(spiral) ____ 128
05 5단계 – 라이즈 & 폴(rise & fall) ____ 134
06 비움(虛) ____ 137

넷째 마당 격의(格義)

01 격의(格義) ____ 142
02 대붕(大鵬) ____ 145
03 사단칠정(四端七情) ____ 147
04 삼재(三才) ____ 150
05 지수화풍공(地水火風空) ____ 153
06 아트만(Atman) ____ 155
07 공(空) ____ 161
08 음양 · 사상 · 팔괘 ____ 168
09 리비도 ____ 177
10 유체이탈 ____ 186

독행(獨行)

01 독행(獨行) ____ 192
02 무술과 몸 ____ 198
03 신비주의 ____ 205
04 돈오점수(頓悟漸修) ____ 210
05 거듭남 ____ 215
06 소통 ____ 219
07 일일불운동신중생형극 ____ 225
08 휴식 ____ 228
09 적자생존 ____ 231
10 무소유 ____ 233
11 흔들리는 깃발 ____ 237

몸 힘

모든 물건에는 무게 중심이 있다.
물건의 무게 중심은 항상 고정이다.
모든 생물에도 무게 중심이 있다.
생물의 무게 중심은 움직임에 따라 위치가 변한다.

코어(The Core, 核)

책 한가운데를 잘 조준하여 손가락으로 받치면
책은 넘어지지 않고 균형을 유지한다.
이것을 무게 중심(Center of gravity)이라 한다.

모든 물건에는 무게 중심이 있다.
물건의 무게 중심은 항상 고정이다.

모든 생물에도 무게 중심이 있다.
생물의 무게 중심은 움직임에 따라 위치가 변한다.

몸을 시체처럼 빳빳하게 한 후 어느 한 지점을 받치면
균형을 잘 유지할 수 있다.
몸은 좌우 대칭 구조이므로 팔, 다리 같은 곳에
무게 중심이 있을 리는 없다.
당연히 척추 어느 곳에 '그곳'이 있을 것이다.

무게 중심은 어떻게 움직이느냐에 따라 척추 위아래로 이동한다.
빠르게 달리거나 높이 뛰어 오르는 동작을 할 때
'그곳'은 위로 올라간다.
무거운 물건을 들어 올릴 때 '그곳'은 아래로 내려간다.

고하상경(高下相傾),
다시 말해 높다, 낮다는 상대적 개념이다.
무엇을 기준으로 무게 중심의 높고 낮음을 말할 수 있는가?
배꼽이다.

'그곳'이 배꼽보다 위에 있으면 높은 것이고
'그곳'이 배꼽보다 아래에 있으면 낮은 것이다.

민첩성, 순발력 등이 필요할 때 무게 중심은
배꼽 위, 거의 명치까지 올라간다.
몸 힘이 필요할 때 무게 중심은 배꼽 아래로 내려간다.

배꼽 아래까지 내린 특별한 무게 중심을
옛사람들은 '단전(丹田)'이라 불렀다.

몸 힘을 쓰기 위해 첫째, 무게 중심,
즉 '그곳'을 배꼽 아래까지 내려야 한다.

둘째, '그곳' 주변 근육을 단련시켜야 한다.

무게 중심 주변 근육은 눈에 보이지 않고 몸속에 감추어져 있으므로
'속근육(inner muscle)'이라고 한다.

단전(丹田)의 범위를 좁히면
몸 안의 어느 한 점인 무게 중심으로 모아지고
단전(丹田)의 범위를 넓히면
무게 중심을 감싸고 있는 근육, 속근육을 포함한다.

요셉 필라테스(Joseph H. Pilates)는
인간의 몸 안에 큰 힘을 내는 특별한 발전기가 있다는 의미로
'파워하우스(powerhouse)'란 말을 썼다.
파워하우스가 곧 속근육이다.

단전(丹田)은 에너지[丹]가 모이는 밭[田]이고
파워하우스(powerhouse)는 힘(power) 내는 집(house)이다.
그러므로 개념상으로

   丹 + 田 = power + house

가 된다.

각자 다른 길을 걸어온 동양과 서양의 몸 움직이는 원리를 나타내는
핵심이 이토록 일치한다는 건
이것이 보편적인 진실임을 강력하게 반증하는 것 아니겠는가?

몸 힘을 쓰기 위해 반드시 파워하우스를 단련시켜야 하고
이것 쓰는 법을 숙달시켜야 한다.
몸 힘은 등 근육을 통해서만 나온다.
대퇴이두근, 배근, 활배근으로부터 나오는 힘이 몸 힘이다.
더불어 복근이 단련되어 있지 않으면 충분한 몸 힘을 낼 수 없다.
지금 말한 부위들을 '파워존(power zone)'이라고 한다.
이 부위들을 단련시키는 것이 바른 몸만들기의 핵심이다.

몸을 지구에 비유할 수 있다.
지구 안 쪽에는 핵(核), 즉 '코어(core)'가 있다.
지구가 자전을 하는 건 코어가 회전하기 때문이다.
마찬가지로 몸 안에도 회전의 중심이 되는 코어가 존재한다.

지구가 자전(自轉, rotation)과 공전(公轉, revolution)을 하듯
몸은 (코어가) 회전하고, (무게 중심이) 이동한다.

무게중심 ≒ 단전 ≒ 파워하우스 ≒ 속근육 ≒ 파워존 ≒ 코어다.

거의 같은 의미지만 각자가 가리키는 것 또는 뉘앙스에
약간씩 차이가 있으므로 상황에 맞추어
적절한 용어를 골라 쓸 것이다.

모든 사람이 몸 안에 코어를 갖고 있지만
코어의 존재를 분명하게 감지하고 있는 사람은 드물다.
그러므로 코어를 깨닫기 위한 수련이 필요한 것이다.
코어를 더 깊이 알아가는 과정을 몸 공부, 즉 쿵푸(工夫)라고 한다.

02 몸 힘

뇌가 팔에게 직접 움직이라고 명령을 내리면 팔 힘이 나온다.
뇌가 다리에게 직접 움직이라고 명령을 내리면 다리 힘이 나온다.

뇌가 코어[核]를 통해 팔을 움직이라고 명령을 내리면
몸 힘이 나온다.
뇌가 코어[核]를 통해 다리를 움직이라고 명령을 내리면
몸 힘이 나온다.

대부분 사람들이 몸을 움직일 때
뇌는 팔 또는 다리와 직접 통신을 한다.
몸 힘을 쓰고자 한다면 뇌와 팔 또는 다리는
코어를 통해서만 통신을 해야 한다.

팔 힘 또는 다리 힘은 개별적인 힘이다.
몸 힘은 통합된 힘이다.
두 힘은 똑같이 사람 몸을 통해 나왔지만 격이 다르고 질이 다르다.

몸 힘은 다시 큰 힘과 섬세한 힘으로 나눌 수 있다.

큰 힘은 역도 선수가 역기를 들어 올릴 때,
무술에서 일격필살로 단 번에 상대를 제압할 때 쓰는 힘으로서
팔 또는 다리 힘과 비교하여 그야말로 압도적으로 큰 힘이다.

섬세한 힘은 주로 춤이나 서예와 같은 예술적 행위에 쓰인다.
무용가의 사소한 동작조차 보통 사람들과 어딘가 다르게 느껴지는 건
섬세한 몸 힘을 사용하여 몸을 제어하기 때문이다.
칼을 잘 다루는 뛰어난 검객이 검술뿐 아니라
종종 서예 작품으로 유명한 이유는
필시 칼을 드는 힘과 붓을 드는 힘이
같은 힘이라는 걸 알고 있었기 때문일 것이다.
나아가 검선일여(劍禪一如)를 주장할 수 있었던 것도
같은 맥락이라고 본다.

그렇다는 건 역기를 들어 올리는 힘과
붓으로 글씨를 쓸 때의 힘이 본질적으로 같단 말인가?
선뜻 동의하기 어렵겠지만 정말 그렇다.
전혀 다르게 보이는 두 힘의 근원이 완전히 똑같다는 사실을
자각하고 공감하게 되는 순간은
매우 놀랍고 경이로운 체험이 아닐 수 없다.

이때부터가 진정한 수신(修身) = 몸 공부, 즉 쿵푸(工夫)의 시작이다.

팔 힘(또는 다리 힘)과 몸 힘은 길항 작용을 한다.

팔 힘이 강할수록 몸 힘은 적어진다.

팔 힘이 줄어들수록 몸 힘은 커진다.

그러므로 쉼 없는 쿵푸를 통해 팔 힘이 빠질수록

더 크고 섬세한 몸 힘을 쓸 수 있다.

금광석을 잘 정련해야 순도 높은 금을 얻을 수 있듯,

오랜 세월 반복 연습을 통해서만 몸 힘을 쓸 수 있다.

팔 힘이 불이라면 몸 힘은 레이저 광선과 같다.

힘의 작용이 들쭉날쭉하지 않고

일관된 흐름과 방향성을 갖고 있다는 말이다.

깊은 이완을 경험할수록 몸 힘은 더 두드러진다.

몸 힘을 써서 몸을 움직일 수 있게 되었을 때

일상적인 움직임에 불과하였던 동작들은

모두 명상적 움직임으로 바뀐다.

따라서 몸 힘을 써서 걸으면 명상적 걷기가 된다.

가장 일상적 움직임 중 하나인 걷기가 명상적 움직임으로 바뀐다는

것을 발견하는 순간은 하나의 기적과도 같다.

일상의 움직임을 명상적 움직임으로 바꿈으로써

심지어 별도의 수련을 하지 않더라도 삶이 곧 쿵푸가 되는 것이다.

✿ 03 척추 펴기

돛배를 움직이기 위해
첫째, 배 주위에 물을 채운다.
둘째, 돛을 편다.
셋째, 움직이고자 하는 방향으로 돛을 회전시킨다.
그럼 배는 바람을 등에 업은 채
무위자연(無爲自然)의 길[道]을 따라 움직인다.

모든 것의 시작은 척추를 바르게 세우는 것부터다.
앞으로 꾸부정하게 기울어져 있는 목, 움츠린 어깨, 복부 비만에
의한 상체의 기울어짐 등 척추에 문제가 있다면
반드시 이것을 먼저 바로 잡는 것이 순서다.
축이 제대로 서지 않았는데
어찌 그 다음 단계로 나아갈 수 있겠는가.

척추를 바르게 세우는 것은 배 주위에 물을 채우는 것과 같다.
이는 운동(運動)에서 운(運)하는 첫번째 단계다.

척추를 펴는 두 가지 방법이 있다.

❶ 척추를 위 아래로 늘린다.
❷ '그것'이 내 몸을 위아래로 당긴다.

❶은 몸 기둥이라고 연상을 하여 발과 머리로 바닥과 천정을
위아래로 밀어내는 느낌을 갖는 것이다.

❷는 외부의 어떤 힘에 의해
몸이 저절로 줄에 매달려 있다는 것이 느껴지는 것이다.

둘 다 동일하게 자세를 바르게 하기 위한 목적으로 행하는 것이지만
느낌은 대단히 다르다.
결론적으로 진짜 척추 펴기는 ❶이 아니라 ❷다.

❶은 인공이고, ❷는 자연이다.
❶은 작위이고, ❷는 무위이다.
❶은 유념유상이고, ❷는 무념무상이다.

소수를 제외한 대부분의 사람들은 단번에 ❷로 접근하는 것이
거의 불가능하다.
무념에 도달하기 위해서 예외 없이 유념을 먼저 알아야 하는 것이다.
즉, ❶을 잘 유념하여 ❷라는 무념에 접근해간다.
그래서 ❶이 중요하다.
❶이 ❷로 가는 길[道]이다.

상상력이 바른 자세에 다다르는 첫 관문을 여는 열쇠이다.
척추를 위아래로 늘리랬다고 하여 실제로 몸을 그렇게 해 버리면
바른 자세가 되는 게 아니라 경직되어 버린다.

반대로 몸을 이완하라고 했다고 하여 몸을 그렇게 해 버리면
흐느적거릴 뿐 이 또한 바른 자세가 되지 않는다.

오직 '마음으로' 그렇게 하는 것이다

구체적으로 뭘 하려고 하는 게 아니라
그러한 몸을 형상화하여 그릴 수 있을 때
몸은 바로 그 상태로 서서히 접근해 간다.
그런 식으로 ❶을 만들어 나간다.

부지불식간 내 몸을 움직이는 또 다른 나를 자각할 때가 가끔 있다.
뇌의 명령에 따라 팔, 다리가 움직이는 것이 아니라
몸 안의 어느 한 점에 팔, 다리가 연결되어 있음을 느낀다.
그게 바로 ❷의 '그것', 즉 코어[核]다.

물속에 몸을 담그면 누구나 부력(浮力)이라는 특별한 힘을
느끼게 되는데 그 힘을 물이 아닌 공기 중에서 느낀다.
스스로 발뒤꿈치를 들거나, 척추를 억지로 곧추 세우는 것이 아니라
가만히 있는데도 부력 같은 힘이 내 몸을 저절로 들리게 하는 것이다.
바른 자세로 인하여 걸음을 내 딛을 때
마치 달나라에서 걷듯이 사뿐대는 듯 한 느낌을 체험한다.
하늘을 나는 새처럼 이를 통해 인간은 자유를 느낀다.

머리로 아는 게 아니라 몸으로 체험한 자유다.

척추 펴기는 중력과 매우 관계가 깊다.
땅바닥에 공을 던지면
뉴턴의 제 3법칙 작용-반작용의 원리에 의해 하늘로 튀어 오른다.
마찬가지로 코어에 의해 한 발에 온전한 체중이 실리면
하체가 땅을 누르는 힘에 의한 반작용이 다시 코어로 전해져
이 힘이 척추를 관통하여 정수리에 다다르는 것을 느꼈을 때
진정으로 척추를 바르게 편 것이라 할 수 있다.
몸을 움직일 때 안정된 하체는 매우 중요하지만
'그것', 즉 코어와 연결되지 못한 하체 힘은
단지 다리 힘에 불과하다.
바른 자세란 지구를 스승으로 삼아 중력을 거스르지 않도록
스스로 중심축을 세운 것이다.
바른 자세를 유지해야 바른 체중 이동이 나온다.
바른 체중 이동을 익히는 것이 '몸 힘'을 깨닫는 첫 시작이다.

04 등 펴기

돛배를 움직이기 위해
첫째, 배 주위에 물을 채운다.
둘째, 돛을 편다.
셋째, 움직이고자 하는 방향으로 돛을 회전시킨다.
그럼 배는 바람을 등에 업은 채 무위자연(無爲自然)의 길[道]을 따라
움직인다.

등을 바르게 펴는 것은 돛을 펴는 것과 같다.
또한 운동(運動)에서 운(運)하는 두번째 단계다.

척추 펴기를 통해 몸을 세로로 늘렸으니
등 펴기를 통해 몸을 가로로 늘려야 한다.

척추 펴기만큼 등 펴기는
몸 힘을 잘 쓰기 위한 필수 조건으로 대단히 중요하다.
몸 힘을 쓰기 위해 등 근육, 즉 배근과 활배근을 쓸 줄 알아야 한다.

등 펴기가 잘 되어 있어야 등 근육이 활성화된다.

우선 쉽게 생각해 볼 수 있는 등 펴기란 팔꿈치 위치가 몸통 뒤로
빠지지 않도록 하여 양 팔을 좌우로 크게 벌리는 것이다.

그러나 이것은 온전하지 않다.
진짜 등 펴기는 '그것', 즉 코어가 활배근을 팽창시킴으로써
양 팔이 저절로 벌어지는 것이다.

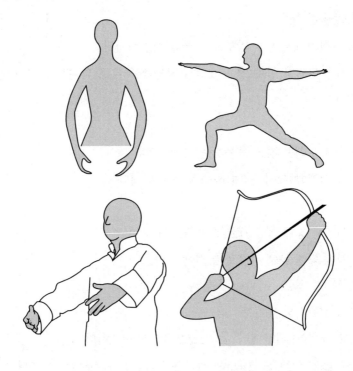

발레의 제1포지션에서 양 팔을 둥그렇게 하는 모습이
바른 등 펴기다.
요가의 영웅자세(Virabhadrasana) 또한
바른 등 펴기를 연습하는 방법이다.
중국 무술에서는 등 펴기를 가리켜
'함흉발배(含胸拔背)'라는 용어를 쓴다.
전통 활쏘기와 전통 춤에서는
'비정비팔(非丁非八)'이란 용어를 쓴다.

간혹 함흉이란 말을 오해하여
의도적으로 가슴을 오므리는 사람이 있는데 엉터리다.
의도적으로 함흉발배를 만드는 게 아니고
등 근육을 쓸 줄 알게 되면 저절로 함흉발배가 된다.

비정비팔(非丁非八)은 활을 쏠 때의 발 위치에 대한 설명이다.
발 모양이 정(丁)자이어도 안되고 팔(八)자 모양도 아니라는 말이다.
설명이 이렇다 보니 비정비팔을 단순히 발 놓은 위치로만
알기 쉽지만 등 펴기를 제대로 할 줄 알았을 때에만
왜 발 놓은 모양이 저렇게 밖에 될 수 없는지를 이해할 수 있다.
당연한 얘기지만 팔 힘으로 활을 당기면 안 되고
등 근육을 써서 활을 당겨야 한다.
이렇게 등 근육을 써서 활을 당기게 되면 누가 따로 시키지 않아도

발 모양이 저절로 비정비팔이 될 수밖에 없다.

가만히 선 자세에서는 누구나 비교적 쉽게 등 펴기를 할 수 있다.
움직이는 동안 자기도 모르게 등 펴기를 깨뜨린다.
운동에 천부적 재능이 있는 사람들이 운동을 잘 하는 원인 중 하나로
남들은 몇 년, 몇 십년 걸려 겨우 알까 말까한 등 펴는 법을
따로 배우지 않고서도 익숙하게 잘 할 수 있기 때문이다.
일류 무용가, 무술 고수 등 한 분야에서 쿵푸로 일가를 이룬
사람들의 공통점은 어떤 움직임 하에서도 절대로 등 펴기를
깨뜨리지 않는다는 것이다.

등 펴기와 등 근육 단련하는 훈련을 구별해야 한다.
등 펴기는 팔꿈치가 몸통 뒤로 빠지면 안 되지만
등 근육 단련을 위해서는 근육의 수축과 이완을 반복해야 하므로
팔꿈치가 몸통 뒤로 빠져야 한다.
예를 들어 바른 자세 및 등 근육 단련에 매우 이상적인 운동법인
오버헤드 스쿼트(Overhead Squat) 자세는 팔이 몸통 뒤로 빠진다.

일반적으로 당기는 동작에서는 이두근을 쓰고
미는 동작에서는 삼두근을 쓰지만
등 펴기에 익숙해질수록 당기는 동작에서도 역시 등 근육을 쓴다.
바른 등 펴기를 깨달은 후 턱걸이를 시도해 보면

과거에 했던 턱걸이와는 차원이 다른
진짜 턱걸이의 세계를 경험하게 된다.
나아가 모든 몸 움직임에 이것이 적용되었을 때 마침내
무위자연의 길로 가는 문을 열고 들어갔다고 할 수 있을 것이다.

나는 거의 십년 가까이 세월을 허비한 후에
겨우 등 펴기의 기본을 깨달았다.
이렇게 힘들게 안 게 억울하여 내게 운동 배우러 오는 사람들에게는
아주 쉽게, 핵심만 알려 주면 나처럼 고생하지 않고 금방 깨달을 수
있으리라 예상했었는데 실제로는 그렇지가 않았다.
어떻게 비유를 들고 어떤 식으로 설명을 하든 언어만으로는
정확한 의미 전달에 한계가 있었다.
각자 배근을 단련하여 몸이 어느 수준 이상 올라가야
말이 통하는 것인데 이게 워낙 힘든 훈련이라 꼭 필요함에도
불구하고 사람들은 회피하려 한다.
계속 수박 겉핥듯 본질에는 접근을 못하고
그때 그때 유행하는 운동법을 좇아 여기에 혹하고 저기에 혹하며
시간과 돈만 뿌려대는 것이다.

05 회전축

돛배를 움직이기 위해

첫째, 배 주위에 물을 채운다.

둘째, 돛을 편다.

셋째, 움직이고자 하는 방향으로 돛을 회전시킨다.

그럼 배는 바람을 등에 업은 채 무위자연(無爲自然)의 길[道]을 따라
움직인다.

코어 회전은 움직이고자 하는 방향으로

돛을 회전(rotation)시키는 것과 같다.

또한 운동(運動)에서 운(運)하는 세번째 단계다.

지구 내부에 코어[核]가 회전함으로써 축이 따라 회전하고

축이 회전함으로써 마치 지표면이 움직이는 것처럼 보인다.

몸 안 코어가 회전하면 고관절이 움직이고

고관절이 움직이면 골반이 움직이는 것처럼 보이고

골반이 움직이면 골반 위에 얹힌 상체 전체가 움직인다.
어깨가 움직인 것 같은 착각이 들지만
실제로 어깨는 전혀 움직이지 않았다.

태풍을 일으키는 것은 태풍의 눈이고
별은 북극성을 중심으로 회전한다.
회전하고 있는 코어는 마치 정지된 듯 보이지만
실로 모든 움직임의 근본이 되는 것이다.

온갖 톱니바퀴가 맞물려 시계 바늘이 움직이고
그 중 하나만 작동이 되지 않아도 시계 바늘은 움직이지 못하듯
코어 회전을 통해 각각 따로 놀던 팔,
다리를 하나의 시스템으로 통합시킬 수 있을 때
마침내 몸 힘을 낼 수 있는 조건을 모두 갖춘 것이다.

뇌는 두 가지 일을 동시에 진행할 수 없으므로
몸 힘을 내기 위한 수많은 조건들을
뇌가 일일이 통제하기는 불가능하다.
그러므로 뇌는 오직 코어 하나만 통제할 수 있으면 되는 것이다.
그럼 몸은 무위자연의 길을 따르게 된다.

무위자연의 움직임을 방해받는 경우는 코어를 통하지 않고 뇌가

직접 팔, 다리를 움직이려고 할 때다.
몸통에는 두 팔과 두 다리가 똑똑히 붙어 있기 때문에
뇌는 끊임없이 팔, 다리의 존재를 의식하려 한다.

그럼에도 불구하고 그것을 잊어 버려야 한다.
코어만 생각하고 그리고 회전시키는 것이다.

06 중심 이동

척추 펴기, 등 펴기, 코어 회전을 깨달은 후(=運)
몸은 마침내 무위자연의 길[道]을 따라 저절로 움직여진다.(=動)

다리 힘을 써 움직였던 과거로부터 탈피하여
코어를 써서 무게 중심 이동하는 법을 깨닫는 것이다.

몸이 낼 수 있는 가장 큰 힘은 높은 데서 떨어지는 힘,
즉 자유낙하운동에 의한 힘이다.
일단 운동이 시작한 뒤에는 땅에 닿을 때까지
어떤 저항도 불가능하다.
다시 말해 팔, 다리 힘이 전혀 들어갈 여지가 없는
순수한 몸 힘인 것이다.

자유낙하운동을 이용하여 무게 중심 이동시키는 것을
'낙하와 회복(fall & recovery)'이라고 한다.
이 용어는 현대 무용가이자 이론가인

도리스 험프리(Doris Humphrey)가 처음 사용하였다.
본래는 무용 이론으로서 상당히 과격하고 격렬한 몸동작을
가리키는 것이지만 내용을 단순화시키면 바른 걷기를 설명하기
위한 효과적 수단이 될 수 있음을 발견했다.

부동자세로 가만히 서 있으면 몸은 어떻게든 움직이고 싶어 한다.
반대로 움직인 후에는 정지하려고 하는 경향이 있다.
즉, 균형을 이루고 있을 때에는 균형을 깨뜨리고 싶어 하고
그 다음에는 다시 안정된 균형의 상태로 돌아오고 싶어 한다.

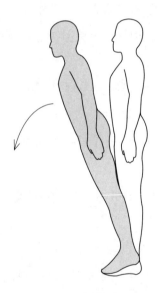

선 자세에서 낙하

선 자세에서 몸을 서서히 앞으로 기울이면
얼굴이 그대로 땅에 처박히게 될 것이다.
하지만 선 자세에서 한 발에만 체중을 싣고 다른 쪽 발을 미리
앞쪽으로 뻗어 '준비'시켜 놓은 채 몸을 서서히 앞으로 기울이면
상황은 전혀 달라져 거의 아무 힘도 들이지 않고
낙하(fall)에 의한 중심 이동이 저절로 일어난다.

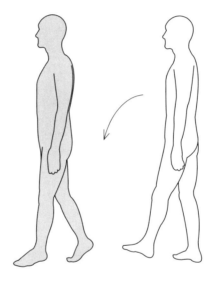

중심이동에 의한 낙하

어떤 경우에도 척추 펴기와 등 펴기를 유지하는 건 대전제이므로
낙하(fall)가 끝난 시점에서도 상체는 앞으로 기울어지지 않고
꼿꼿하게 척추를 편 채 시선은 계속 정면을 응시한 채다.

이동이 끝난 직후 반동(rebound)이 일어난다.
반동에 의해 자연스럽게 몸은 또 다른 무게 중심 이동이 가능한
상태로 회복(recovery)된다.

이상적인 낙하와 회복이 일어날 때 몸은 마치 공중에 뜬 것처럼
부력을 느끼고 몸은 가벼워진다.
인위적으로 뭔가를 하는 것은 전혀 없다.
몸이 이동하는 동안 억지로 발뒤꿈치를 드는 것과 같은 동작은
일체 없어야 한다.

아날로그 세계에서 모든 것은 파동이다.
디지털 세계는 아날로그 세계를 모방하기 위해
샘플링(sampling)을 한다.
샘플링 비율(sampling rate)이 높을수록
디지털 신호는 아날로그에 가까워진다.
샘플링 크기(sampling size)가 클수록
더 많은 데이터를 담을 수 있다.

체중이 한 쪽에서 다른 쪽으로 이동하는 동안 순간순간을 뇌는
샘플링한다. 샘플링 비율이 높을수록 주관적 시간은 더디게 간다.
샘플링 크기가 클수록 이동되는 순간을 더 선명하게 느낄 수 있다.
이른바 '의식의 확장'이 일어나는 것이다.

이렇듯 움직이는 찰나를 뇌가 샘플링하는 것을 '관찰'이라 한다.
매우 흥미로운 사실은 관찰 = 집중이라는 것이다.
세상에 집중하고 싶지 않은 사람은 없다.
집중하고 싶어도 집중이 잘 안 되서 못할 뿐이다.
그런데 관찰을 잘 할 줄 알면 저절로 집중된다.

무게 중심이 여기에서 저기로 이동하는 미세한 순간을
섬세하게 관찰하는 모든 몸 움직임이
곧 '명상적 움직임(meditative movements)'이다.
이러한 개념을 분명하게 인식하여
걷기에 적용시킨 것이 '명상적 걷기'다.
사색하며 산책하는 것을 명상적 걷기라 할 수는 없다.

사실은 동(動)하기 전 운(運)하는 과정들에서부터
모든 움직임이 관찰의 대상이다.
첫째, 코어를 관찰하고
둘째, 척추가 올바르게 펴진 것을 관찰하고
셋째, 등이 올바르게 펴진 것을 관찰하고
넷째, 코어가 올바르게 회전하고 있음을 관찰하고
다섯째, 무게 중심이 이동하는 순간을 관찰하고
여섯째, 관찰하고 있는 자신을 관찰한다.

관찰을 하는 최종 목적은 관찰하기를 잊어버리는 것이다.

첫째, 관찰하지 않아도 저절로 코어가 운(運)하고

둘째, 관찰하지 않아도 척추가 올바르게 펴지고

셋째, 관찰하지 않아도 등이 올바르게 펴지고

넷째, 관찰하지 않아도 코어가 올바르게 회전하고

다섯째, 관찰하지 않아도 낙하와 회복에 의해 저절로 중심이
이동되고

여섯째, 관찰하고 있는 자신마저 잊어버리는 것이다.

여기에 이르러 무위자연의 길을 따라갈 수밖에 없는

진짜 이유를 깨닫게 된다.

이것이야 말로 운동(運動)을 통한 감동(感動)인 것이다.

07 흐름

내가 어렸을 땐 요즘처럼 다양한 취미 생활이 가능하질 못했다.
내 취미는 컴퓨터 만지기와 음악 감상이었다.
취미로 시작한 컴퓨터 프로그래밍은
현재 내 생계를 책임지는 직업이 되었다.
음악 감상은 라디오를 하나 사서 주파수를 93.1MHz에 맞추면
유럽 고전음악이 무제한 제공되었으므로 돈이 거의 들지 않았다.
삼십년 가까이 이 짓을 하다 보니 고전음악뿐 아니라
꽤 많은 장르를 두루 두루 접하게 되었다.

음악 중에는 씹자마자 단물이 쭉 나오고 이내 맛없어지는 껌 같은 게
있고 처음엔 지루하지만 씹으면 씹을수록(들으면 들을수록)
끝없이 단 맛이 나오는 게 있다.
또 어떤 음악은 말로는 설명하기 참 어려운,
마음속에 펼쳐진 광대한 환상, 환희의 세계를 내보여주기도 한다.
눈에 보이는 것만이 전부가 아님을 처음 실감했다.

그 때 그 체험을 한마디로 말하자면 긴장과 이완이었다.
지금 내가 몸을 통해 소박하게나마 깨달은 것 또한 이것과 같다.
이십여년을 돌고 돌아 다시 원점으로 돌아온 셈이지만
머릿속 상상으로 간접 경험했던 것을 직접 몸을 통해
스스로 증명하였다는 점에서 그 때의 나와 지금의 나는
차원을 달리한다고 자평한다.
이제는 진짜 긴장이 무엇이고 진짜 이완이 무엇인지
조금은 말할 수 있다.

모든 움직임은 항상 운(運)한 뒤 동(動)해야 한다.
그래야 몸 힘이 나온다.
운(運)없이 동(動)하면 팔(또는 다리) 힘이 나온다.

몸 힘은 코어[核]를 작동시켜 척추를 펴고, 등을 펴고,
축을 회전시키고, 낙하와 회복에 의한 중심 이동이
순차적으로 진행될 때만 나온다.
각 요소가 따로 떨어져 별개로 작동되면
결코 몸 힘은 나오지 않는다.
태엽 시계에서 최초의 톱니바퀴 하나가 돌기 시작하면
모든 톱니바퀴가 따라 움직이듯
몸 힘도 이와 비슷한 과정을 통해서만 나온다.
최초의 톱니바퀴라 할 수 있는 코어가 작동되는 순간

몸 안 요소들은 유기적으로 움직이기 시작한다.
이 때에 몸은 매우 기분 좋은 독특한 리듬을 스스로 만들어 낸다.
긴장과 이완의 반복이 잘 되면
매우 기분 좋은 특별한 흐름이 생겨난다.
자신의 의지에 더하여 몸이 그 흐름을 타고
반자동으로 움직여지는 것이 무위자연(無爲自然)이다.

잘못된 긴장은 경직되고 잘못된 이완은 무기력하다.
팔, 다리, 어깨 등에 힘이 들어간 것은 경직되고
단전 또는 파워하우스까지 힘을 빼 버리는 것은 무기력하다.

진짜 긴장은 이완을 포함하고 있어야 하고
진짜 이완은 긴장을 포함하고 있어야 하는데
이것은 같은 '하나'를 다른 관점에서 본 모습에 불과하다.

이완을 포함한 긴장은 탄력적이고,
긴장을 포함한 이완 역시 탄력적이다.
이로써 진짜 힘, 즉 '몸 힘'이 나온다.

이론상 긴장과 이완은 같은 비중으로 중요하지만
실제 수련할 때 나는 이완에 더 치중한다.
바르게 이완할 줄 아는 만큼 바르게 긴장할 수 있으므로

우선 한 쪽을 잘 하면 되는데
경험상 바르게 긴장하기보다 바르게 이완하는 쪽으로
접근하는 것이 더 효율적이다.
꽤 오랜 세월 이 짓 저 짓 하며 겨우 도달한 깨달음은 오직 '이완' 뿐,
그러므로 나는 사람들에게 오직 바르게 이완하는 법만을 말한다.
중국 무술의 참장, 인도의 요가,
서양 체육학에서 말하는 아이소메트릭(Isometrics) 등
이 모두를 대원리 안에서 하나로 통합시킬 수 있다.

이제 앞에서 얘기한 운동(運動)의 각 요소들을 긴장과 이완의
원리에 따라 더 깊은 단계를 설명할 차례다.

척추가 늘어날 때 몸은 양, 즉 긴장의 원리를 따르고
척추가 줄어들 때 몸은 음, 즉 이완의 원리를 따른다.

다시 한 번 더 강조하자면 몸을 바르게 움직이기 위하여
몸의 축 = 중심선 = 척추를 바르게 세우는 것보다 더 중요한 건 없다.

척추 펴기는 시종일관 척추를 편 상태로 있는 게 아니다.
척추는 절대로 고정적일 수 없다.
지렁이가 이동할 때 몸을 수축하고 이완함으로써 기어갈 수 있는
것과 비슷하게 걷는 동안 척추는 팽창과 수축을 반복한다.

척추를 늘리면 몸 안의 한 점인 코어[核]가 회전하기 쉬워진다.

코어의 회전 방향에 따라 대칭되는 쪽 다리가 앞 또는 뒤로 나와

'준비' 상태가 된다.

척추가 서서히 늘어나기 시작하여 정점에 다다랐을 때

의도적으로 몸의 균형을 무너뜨리면 낙하(fall)가 시작된다.

이 때 미리 '준비' 되어 나와 있던 다리 위로 무게 중심 이동이

저절로 일어난다.

오직 코어 회전과 중심 이동만 있었을 뿐,

다리는 자기 스스로 전혀 움직이지 않았다.

낙하가 끝난 직후 새로 중심 이동된 다리 위해 얹힌 척추는

서서히 줄어든다.

충분히 줄어든 후 척추는 반동(rebound)에 의해 다시금 늘어나기

시작하여 회복(recovery) 단계로 접어들게 되어

또 다시 몸 안의 한 점인 코어가 회전하고,

코어가 회전함에 따라 고관절을 통해 연결되어 있는 다리가

앞 또는 뒤로 저절로 뻗어지고

다음 낙하를 위한 '준비'가 끝나고 의도적으로 몸의 균형을

무너뜨림으로써 또 다시 무게 중심이 뻗어 있는

다리로 이동하기를 반복한다.

척추 펴기만큼 극적이지는 않지만

등 펴기 또한 낙하와 회복이 일어나는 내내 팽창과 수축을 반복한다.

코어 회전과 낙하와 회복의 관계는 대단히 미묘하다.
둘은 절대로 따로 떼어서 생각할 수가 없다.
양이 최고점에 도달했을 때 그 안에는 이미 음이 자라고 있고,
음이 최저점에 도달했을 때 그 안에는 이미 양이 자라고 있듯
코어 회전이 일어나는 사이 몸은
낙하를 하기 위한 준비를 해야 하고,
낙하가 끝나고 회복이 일어나는 동안
코어는 이미 다른 낙하를 위해 회전하고 있어야 한다.

이 모든 과정을,
예를 들어 어느 시점에서 몸이 어떤 자세를 취해야 한다거나
팔, 다리 각도는 몇 도가 이상적이다는 것들을
세세하게 규명하는 건 그다지 의미가 없다.
몸 안에서 코어에 어떻게 작동하고
어떤 식으로 낙하와 회복이 일어나는지를
실제로 체험하는 것이 무엇보다 중요하다.
마침내 움직임의 비밀에 접근하기 위한 첫 관문을 통과하였다.

08 유위부자연

어떤 행위가 도덕적으로 선(善)한가,
선하지 않은가를 판단하기는 쉽지 않지만
어떤 몸 움직임이 바른가, 바르지 못한가를
판단하는 것은 가능하다.

마음은 보이지 않지만 몸은 눈으로 볼 수 있고,
태어날 때 마음은 어떤 모습인지 알기 어렵지만
인간의 몸은 예외 없이 팔, 다리가 각각 두개씩 달린 채로 태어나
직립 보행을 하며 산다.

이렇듯 분명하게 드러난 초기 조건 하에서
바르게 몸 힘을 써서 움직이기 위한 길[道]은 오직 하나,
코어를 분명하게 인식하여 이것을 이용하는 방법밖에는 없다.

몸 힘을 써서 움직이는 게 왜 바른 움직임인가?
이때에만 몸은 무위자연(無爲自然)에 접근해갈 수 있기 때문이다.

사람 손을 거친 것은 대부분 유위(有爲)하고,
유위하기 때문에 부자연(不自然)스럽다.
그런데 어떤 유위부자연(有爲不自然)한 것 중에는
무위자연(無爲自然)에 다가가기 위한 수단으로 삼을만한 것이 있다.
이것을 '방편(方便)'이라 한다.
지금까지 논한 운(運)하고 동(動)하는 원리들 또한 한결같이
유위부자연스러운 것들이지만 무위자연에 다가가기 위한 방편이다.

매일 무위자연에 가까워지고자 하는 수련 자체는
언제나 유위부자연에 속한다.
이를 통해 상대적인 무위자연의 단계로 진화할 수 있다.
유위부자연을 체험하지 않고 무위자연에 접근하는 건
거의 불가능하다고 본다.

무위자연은 감각기관을 통해 느낄 수 있는 게 아니며
'빈 것[虛]'이므로 이에 접근하는 유일한 길은
불필요한 것을 하나하나 제거해 나가는 방법뿐이다.

바른 몸 움직임을 알고자 몸 공부를 한다.
머리에 지식을 넣는 공부와 달리 몸 공부는 하면 할수록
몸에 집착하는 마음이 사라진다.
몸에 집착하는 마음이 사라질수록 점점 더 무위(無爲)에 다가간다.

무위에 다가가게 되는 이유는 몸이 저절로 그러하게 됨을
관찰할 수 있게 되었기 때문이다.
몸을 일일이 통제하려는 마음을 내려놓고 단지 바라기만 하면
몸은 바람에 따라 스스로 그러하게 움직인다.
스스로 그러하게 움직여지는 몸을 마음의 눈으로
가만 바라보는 일이 관찰이다.

『주역약례(周易略例)』라는 책에
'득의망상(得意忘象)'이란 구절이 나온다.
'뜻(意)을 얻었으면 상(象)은 잊어라.'
마찬가지로 방편은 단지 도구에 불과할 뿐이다.
방편을 통해 뜻을 얻은 뒤 더 이상 방편에 집착할 이유는 없다.

무위자연은 항상 상대적이다.

지금의 나는 어제의 나에 대해 무위자연하다.
지금의 나는 미래의 나에 대해 유위부자연하다.

평생 더 올라갈 곳 없는 무위자연에 다가가려 하지만 도달할 수 없다.
몸은 늘 불편하다.
어딘가 꼭 불균형 상태가 존재한다.
유위부자연스러운 스트레스가 계속 쌓이다 한계에 다다르면

"에라! 모르겠다!"고 포기하고픈 마음이 생겨난다.

내 경험으로는 바로 그 때에 무위자연을 체험한다.

작고 소박한 거긴 하지만 이것도 역시 깨달음이다.

이러한 체험을 통해 지금보다 한 단계 높은 곳으로 도약을 한다.

그럼 모든 게 다르게 보이기 시작한다.

보이는 게 달라지므로 예전엔 무심히 넘어갔던 것들에서

새로움을 발견한다.

그렇게 삶이 달라지는 것이다.

무위자연으로 가는 길은

이렇듯 일상 속에서 때때로 일어나는 기적과 같은 사건이다.

수련이 없었다면 난 이 나이 먹도록 이 당연하고도 비밀스러운

말씀(=logos)을 이심전심으로 알 수 없었을 것이다.

팔(또는 다리) 힘을 쓰다 코어를 자각함으로써

몸 힘을 쓸 줄 알게 되면 무위자연스럽게 몸이 움직여진다.

나아가 코어조차 잊어버릴 수 있다면

무위자연에 더 가까이 접근해 들어간다.

애써 코어를 인식해 놓고 아무것도 뇌가 이용하지 않으려 할 때

진짜 움직임이 나온다.

매일 매일 쿵푸(工夫)를 쌓는 목적은

코어를 더 깊이 인식하기 위한 것인데

대단히 역설적이게도 코어를 인식한다는 것 자체가

사실은 유위부자연스러운 것이다.
다시 말해 코어를 깊이 알기 위하여 쌓는 쿵푸의 끝은
코어를 잊기 위한 것이다.
앞뒤가 안 맞는 듯 보이는 이 모순 속에 나름의 비밀이 있다.

코어는 몸의 나[我]이고
마음은 정신의 나다.

몸의 나를 잊어버리듯
정신의 나를 잊어버릴 수는 없을까?

체용(體用)

사는 동안 우리는 여러 가지 나쁜 습관들을
몸에다 차곡차곡 새겨 놓곤 한다.
이것을 바로 잡는 과정은 매우 힘들다.
되돌리기 위해서는 지나온 세월과 맞먹는 시간만큼의
투자가 필요하다.

01 체(體)와 용(用)

몸 힘을 잘 쓰기 위해 우선해야 할 것은
몸 힘쓰기 좋은 몸 만드는 일, 즉 환골탈태(換骨奪胎)다.

사는 동안 우리는 여러 가지 나쁜 습관들을
몸에다 차곡차곡 새겨 놓곤 한다.
이것을 바로 잡는 과정은 매우 힘들다.
되돌리기 위해서는 지나온 세월과 맞먹는 시간만큼의
투자가 필요하다.
그러니까 몸의 균형을 바로잡기 위해 나름대로 열심히 노력해도
잘 안 되는 것이 당연하다.
노력에다가 기나긴 시간이 더해져야 한다.

완벽한 상태로 척추를 유지하고 있는 사람은 거의 없다.
대부분 크고 작은 문제를 갖고 있으므로
척추를 바르게 펴고 바르게 서기를 의식적으로 연습해야 한다.
하지만 정신을 잃어버리는 즉시

다시 원래의 모습으로 돌아가 버리곤 한다.
그런데 의식적으로 하는 것은 인공적인 것,
즉 자연스럽지 못한 것이다.
늘 모자라거나 지나치다.
계속 이 과정을 반복하며 시행착오를 통해 경험을 쌓는다.

척추가 앞 또는 뒤로 휘었거나 옆으로 틀어져 있거나
골반의 균형이 안 맞는 등등의 모든 경우에 있어
정말로 뼈의 상태를 원래의 모습으로 되돌리는 과정을
나는 '환골'이라 생각한다.

'탈태'는 환골을 통한 거듭남이다.
과거에 잘못 움직이던 습관을 버리고
올바르게 몸 움직이는 법을 새롭게 몸에 집어넣는 것이다.
나아가 육체의 변화로 인하여 정신이 새롭게 태어나는 것이다.

그러므로 환골탈태의 과정이란,
첫째, 환골 = 바른 몸만들기, 즉 체(體)를 길러야 하고
둘째, 탈태 = 잘못된 지식에서 벗어남 = 바르게 몸 쓰는 법 알기,
즉 용(用)을 숙달시켜야 한다.

다시 말해,

첫째, 코어[核] 주변을 감싸고 있는 근육인 파워하우스,
즉 속근육을 단련시켜야 하고,
둘째, 코어 및 파워하우스 이용하는 법을 숙달시켜야 한다.

몇 년 전까지 나는 체(體)는 바탕이 되는 것이므로 중요한 것,
용(用)은 쓰임이므로 해도 그만 안 해도 그만, 체(體)에 비해 덜
중요한 것으로 오해했었으나 사실 체(體)와 용(用)은 모두 몸 안의
한 점인 코어를 인식하기 위한 방편이라는 점에서 동등하다.

코어를 쓰지 않는 수련법은 바른 길[道]이 아니므로
체(體)나 용(用)을 논할 수조차 없다.

'정(鼎)'은 다리가 세 개 달린 솥의 모습을 형상화한 글자라고 한다.
다리가 세 개이므로 어느 하나가 없어지면 균형이 무너진다.
이와 비슷하게 환골탈태를 위한 수련도
다음 세 가지 요소가 균형을 이루어야 한다.

첫째, 등장성 운동(isotonics)이다.
둘째, 등척성 운동(isometrics)이다.
셋째, 명상적 움직임(meditative movements)이다.

바른 몸 기르는 수련 속에는 불과 물이 공존한다.

정신은 불의 수련과 물의 수련의 반복으로 영향을 받아
새롭게 변화한다.

불은 긴장이고 물은 이완이다.
불은 양(+)이고 물은 음(-)이다.
불은 움직임(=動)이고, 물은 고요함(=靜)이다.
불은 열정이고, 물은 냉철함이다.
불은 감성이고, 물은 이성이다.

움직임 가운데에도 태풍의 눈은 늘 고요하고, (=動中求靜)
고요함 속에는 무위(無爲)의 움직임이 있다. (=靜中求動)

몸 힘은 같은 뿌리에서 큰 힘과 섬세한 힘의 두 가지가 나온다고
하였는데 섬세한 힘만을 필요로 할 때에는
이론상 굳이 큰 힘 기르는 수련을 할 필요는 없다.
어디까지나 이론상 그렇다는 얘기다.
인간의 몸이란 참으로 묘한 구석이 있어서
듣거나 보는 즉시 깨닫질 못하고 충분한 고통과 인내의 시간을
거친 후 비로소 '그것', 즉 코어[核]의 존재를 자각할 수 있는 숙명을
갖고 태어난 것처럼 보인다.
숱하게 불과 물을 오가는 담금질과 무수한 망치질을 이겨내야
마침내 명검이 탄생하듯

적어도 내가 아는 한 힘든 단련 과정은 필수다.
단련 없이 몸 힘 쓰는 법을 깨닫겠다는 건 복권 당첨과 같은
뜻밖의 행운을 바라는 것과 같다.

신문에서 '1만 시간 연습하면 누구나 천재 된다'는 제목의,
독일의 한 연구팀의 글이 실린 기사를 읽은 적이 있다.
바이올린 연주자를 대상으로 조사를 하였다는데 결론적으로
1만 시간 넘게 연습한 사람은 탁월한 연주자가 되어 있었고
약 8천 시간 안팎으로 연습한 사람은
아직 덜 완성되었다는 것이다.
개인적 경험에 비추어 보아도 상당한 설득력이 있다.
1년 365일중 일요일 쉬고 기타 사정으로 며칠 빼먹어야 하는 것까지
고려하여 연습 가능한 날이 평균 300일이라고 가정하면
하루 평균 11시간 연습했을 때 약 3년,
또는 3시간 30분씩 10년을 연습해야 1만 시간에 도달한다.
바꿔 말해 10년 공부하여 달인이 되는데
필요한 최소한의 연습 시간이 3시간 30분인 셈이다.
하루 1시간 남짓 연습해서 달인이 되기까지는 30년이나 걸린다.

1만 시간이라는 시간도 중요하지만
더 중요한 것은 시간을 어떻게 보내는가가 될 것 같다.
무작정 운동한다고 하여 덕(德)이 쌓이지 않는다.

참된 쿵푸(工夫)의 시작은

코어[核]를 처음 분명하게 인식한 때부터이기 때문이다.

그 전까지의 수련은 쿵푸를 시작하기 위한 준비 단계에 불과하였다.

아무 것도 없이 맨 밑바닥에서부터 출발하는 경우

대략 5천 시간 정도는 아마 온갖 시행착오를 거치며

좌충우돌하는 것으로 보내게 될 것이다.

그 정도 시간을 넘어가면서 최적의 이상적인 조건,

즉 코어의 존재를 몸이 스스로 찾게 되고 나머지 5천 시간 동안의

연습을 통해 달인이 되는 과정을 거치지 않을까 예상한다.

이토록 긴 시간을 순전히 고통 속에서 보내기는 불가능한 일이다.

그럼에도 불구하고 이 길을 기꺼이 가는 이유는

고통 가운데에 낙(樂)이 있기 때문이다.

몸을 미워하면 고통뿐이지만

몸을 사랑하면 때때로 낙(樂)이 찾아온다.

같은 노력을 기울여 남은 저렇게 잘 하는데

내 몸은 말을 잘 안 듣는다.

이때 몸을 탓하지 말고 그럴수록 사랑해야 한다.

수신(修身)에 있어 결과는 중요하지 않다.

과정이 중요하다.

꽤 오랜 시간을 들인 끝에 나는 겨우 그것을 알았다.

남과 비교하여 지금 얼마나 높이 올라가 있는가가 중요한 게 아니라

어떤 과정을 거쳐 그 위치에 올라갔는가에 의의가 있다.

큰 노력을 기울이지 않고 단숨에 산에 올라간 사람은
그 산을 자세히 볼 수 없다.
큰 노력과 시간을 들여 간신히 산에 올라간 사람은
그 산을 자세히 보았다.
어디가 길이고 어디가 낭떠러지인지 그 사람은 안다.
누가 더 산을 바로 아는 것인가?

타고난 신체가 훌륭하고 재능이 뛰어난 사람은
앞으로 빨리 나가지만 놓치는 게 많다.
신체 능력이 모자란 사람은 느리지만
내 몸이 진화해 가는 과정을 자세히 볼 수 있다.
시행착오를 거치는 동안 뭐가 바른 길인지
단호하게 말할 수 있게 되었다.
누가 더 몸을 제대로 아는 것인가?

이처럼 차근차근 계통을 밟아 올라간 사람을
선생으로 옆에 둔 사람은 행운아다.
그런 사람 세상에 별로 없다.
물론 스스로 노력을 해야
좋은 선생을 옆에 둔 보람도 있는 법이다.

02 호흡

처음 요가를 배우고자 여기 저기 기웃거릴 때 찾아 갔던
어느 곳에서의 단체 수련 시간,
수업이 시작하자 다들 상당히 진지한 자세로 호흡을 하기 시작,
동작을 할 때마다 입에서 "스으~ 스으~"하는 소리들을 내는데
왜 저러는지 이해할 수 없었다.
사람들이 했었던 게 자기들 딴에는
아마 '우짜이(Ujjayi) 호흡'이었던 것 같다.
당시 나는 요가에 저런 호흡법이 있다는 걸 몰랐다.

돌이켜 보면 그 사람들이 했던 호흡은
역시 겉 흉내만 내었던 게 맞는 듯하다.
몸 힘 쓰기 위한 복압(腹壓)을 확보하기 위하여
의도적으로 숨이 폐로 들어가는 길목을 좁힘으로써
저절로 소리가 나는 호흡이 아니라 이빨과 혀를 이용해
그런 비슷한 소리를 만든 것에 불과했기 때문이다.
물론 엇비슷하기만 할 뿐 소리를 들어 보면 전혀 다르기 때문에

금방 탄로난다.

몇 년 뒤 진짜 우짜이 호흡하는 소리를 들었을 때 나는 깜짝 놀랐다.
몸 공부와 관련하여 본래 나의 주 종목은 무술인 관계로
이미 몇몇 무술을 배웠던 바, 가라데를 수련하던 시절,
'텐쇼(轉掌)', '산찐(三戰)'과 같은 형을 할 때
거의 동일한 방식으로 호흡을 하였었기 때문이다.
우짜이 호흡은 들숨, 날숨 모두 코로 하고 일정한 시간 간격을
유지하는 반면 무술에서는 순간적으로 큰 힘을 써야 하므로
들숨은 코로 하지만 날숨은 입으로 공기를
한꺼번에 토해내듯 한다는 차이만 있을 뿐이다.

시공간적으로 거의 교류가 없었을 가능성이 큰 두 지역에서
동일한 결과가 나왔다면 그것은 진실에 다가갔을 가능성이 크다고
결론짓고 이후 나는 호흡법에 관한 수많은 미신(?)들을 다 버렸다.

올바른 호흡법은 폐활량을 늘린다.
올바른 호흡법은 복근과 배근을 자극함으로써 부상을 예방한다.
물론 복근과 배근 안 쪽에는 몸 안의 한 점, 즉 코어[核]가 있다.
올바른 호흡법은 코어를 잘 이용할 수 있게 하여
몸 힘을 증폭시킨다.

들이 마시는 숨에 마치 겹겹이 쌓인 공이
차례대로 늘어나는 느낌으로 폐가 늘어난다.
폐가 잘 늘어날수록 늑골 사이사이가 자극된다.
그럼 폐활량이 증가한다.

내뱉는 숨에 겹겹이 쌓인 공이 차례대로 줄어드는 느낌으로
폐가 줄어든다.
호흡을 통해 실제로 공기가 들어왔다 나가는 장소는
폐일 것임에도 불구하고
몸 안에 여러 겹으로 쌓인 공이 있는 것 같다고 느껴지는 위치는
일반적으로 단전(丹田)이라고 말하는 그 부분이다.
따라서 수축과 팽창을 반복할 때마다 공기가 폐보다 더 아래쪽까지
내려왔다가 나가는 느낌이 드는데 아래로 내려간 숨은 배근,
즉 등줄기를 타고 올라가 힘이 전신으로 퍼져 나가게 한다.
이 때가 큰 몸 힘을 쓰는 순간이다.
이를 위해 가라데와 요가에서 그와 같은 호흡을 하였던 것이다.
이 과정에서 꼬리뼈에서부터 단계적으로 척추가 펴지는
진짜 척추 펴기를 체험할 수 있다.

몸 힘은 일상적인 팔 힘과는 다르다.
자동차 내연기관의 순서인 흡입-압축-폭발-배기와 비슷하게
일종의 폭발력을 갖고 있다.

또는 마치 큰 파도가 밀려오듯 압도적인 위압감을 준다.

이걸 티 나게 발하면 강한 몸 힘,

은근히 발하면 섬세한 몸 힘이 된다.

그러므로 역기를 드는 힘이나 숟가락을 드는 힘이나 매한가지로

오직 몸 힘을 쓸 뿐이다.

나 역시 성질 급한 한국 사람이다 보니 단시일 내에 이 힘을

자유자재로 쓸 수 있기를 바라지만 그런 방법은 없는 듯,

첫째, 몸만들기를 통해 좋은 재료를 늘 구비해 놓아야 하고

둘째, 재료를 잘 요리하는 기술을 익혀 예술로 승화시킬 수 있을

때만 가능하다.

눈 뜬 장님마냥 버젓이 눈앞에 두고도 모르는 게

바로 이 힘의 오묘함인 것 같다.

03 명상적 운동

등장성 운동(Isotonics)은 팔굽혀펴기, 앉았다 일어서기 등
일반적인 근력 운동이다.
근육이 '운동 에너지'에 저항함으로써 근력이 증대되는 운동이다.

이 운동은 '긴장'의 요소가 두드러지긴 하지만
그 안에는 긴장과 이완이 공존한다.
잘못 긴장하면 경직이 오고, 잘못 이완하면 무기력해 진다.
바르게 긴장과 이완을 반복하면
근력과 유연성을 동시에 얻을 수 있다.

등척성 운동(Isometrics)은 기마 자세, 매달리기 등
움직이지 않은 상태로 실시하는 근력 운동이다.
근육이 '위치 에너지'에 저항함으로써 근력이 증대되는 운동이다.

이 운동은 '이완'의 요소가 두드러지긴 하지만
그 안에는 긴장과 이완이 공존한다.

잘못 긴장하면 경직이 오고, 잘못 이완하면 무기력해 진다.
바르게 긴장과 이완을 반복하면
근력과 유연성을 동시에 얻을 수 있다.

명상적 움직임(Meditative Movements)은
크게 두 가지로 구분할 수 있다.

첫째, 단순한 동작을 반복하는 것이다.
둘째, 천천히 움직이는 것이다.

대전제는 반드시 단전 또는 코어[核]를 써서 반복하거나
천천히 움직여야 한다는 점이다.
단전 또는 코어를 쓰지 않은 채 하는 반복 또는 천천히 움직이는
것은 단지 흉내 내기에 불과할 뿐
결코 명상적 움직임이 되지 못한다.

등장성 운동과 등척성 운동은 각자의 장단점이 존재하므로
각각 별도로 수련을 해야 하는 것이다.
그런데 명상적 움직임의 요소를 개입시킴으로써
두 운동법을 하나의 원리로 통합시킬 수 있다.

등장성 운동을 코어를 써서 천천히 행한다면

전체 움직임은 등장성 운동이지만
순간순간은 등척성 운동이 된다.

별개로 보였던 세 가지 운동이
하나의 솥[鼎]에서 끓기 시작한다.
이걸 진심으로 깨달았을 때 나에게는 또 한번 감동이 찾아왔다.

04 저중량 고반복

단지 잘 걷고 싶을 뿐인데 힘들게 근력을 키울 필요가 있을까?
걷는데 많은 근력이 필요한 건 분명 아니다.
그런데 큰 몸 힘을 알지 못하면서
섬세한 몸 힘을 알 수 있는 방법이 과연 있는지 나는 알지 못한다.
마치 한 송이 국화꽃을 피우기 위해 봄부터 소쩍새는 그렇게 울지
않을 수 없었던 것처럼 도무지 관계없어 보이던 두 사건이 서로
잇닿아 있음을 시간이 흐른 뒤 깨닫게 되듯
이 작고 소박한 앎 하나를 얻기 위해 먼 길을 돌아가지 않을 수 없는
게 인간의 숙명이 아닐까?

항상 염두에 두어야 할 것은 부상 방지다.
특히 코어를 바르게 인식하지 못하여
흉내 내기부터 시작할 수밖에 없는 초기에는 더욱 더 조심해야 한다.
무게 중심을 배꼽보다 위에 놓은 채 근력 운동을 하면
심각한 부상을 당할 확률이 높아진다.

고중량 저반복, 즉 무거운 무게를 들고
최소한의 횟수를 반복하는 근력 운동을 하면
근섬유가 일시적으로 끊어졌다 다시 붙는 과정에서
굵기의 증가(=근비대, hyper trophy)로 인해
전체적으로 근육이 불어나는 결과를 가져온다.

명상적 운동은 근력 운동이라도 횟수가 중요하다.
수많은 반복을 통해서만이 코어를 깨닫고,
코어를 더 깊이 알 수 있기 때문이다.
무거운 무게로는 횟수를 늘릴 수 없으므로
저중량 고반복 운동이 정답이다.
개인적으로는 자기 몸무게를 기준으로
30% 또는 그 이하의 무게면 저중량이라고 본다.

05 방편

태양 예배(Surya Namaskara)

인도에서 나온 요가가 인류에게 준 최고의 선물을 하나 선택하라고
하면 주저하지 않고 태양 예배 동작을 꼽을 수 있을 만큼
이것은 운동하는 이들에게 매우 중요하다.
파워존(power zone)과 그 안쪽에 자리한 속근육(inner muscle)은
몸 힘을 쓰기 위한 가장 중요한 재료다.
이 단순한 동작을 수없이 반복함으로써 파워존에 해당하는 근육의
근력과 유연성이라는 두 마리 토끼를 동시에 잡을 수 있다.

가. 우짜이(Ujjayi) 호흡을 한다.
나. 척추를 편다.
다. 파워하우스가 양 팔을 들어 올린다.
라. 파워하우스를 이용하여 상체를 숙인다.
마. 파워하우스를 이용하여 상체를 직각으로 들어올린다.
바. 두 다리를 뒤로 이동시켜 팔굽혀 펴기 자세를 만든다.

사. 팔굽혀 펴기 자세에서 파워하우스가 상체를 들어 올린다.

아. 파워하우스를 이용하여 엉덩이를 높이 든다.

자. 두 다리를 회수한 후 파워하우스를 이용하여 상체를 직각으로
   세운다.

차. 파워하우스를 이용하여 상체를 숙인다.

카. 파워하우스를 이용하여 상체와 양 팔을 들어 올린다.

타. 척추펴기를 유지한채 양 팔을 내려 놓는다.

세가지 이완 운동

쉽게 눈에 보이는 이 운동의 첫번째 목적은
척추와 어깨의 긴장을 풀기 위한 것이다.
감추어진 두번째 목적은
이를 통해 코어가 어떻게 회전해야 하는지 그 느낌을 잡는 것이다.

● 좌우로 몸통 휘돌리기

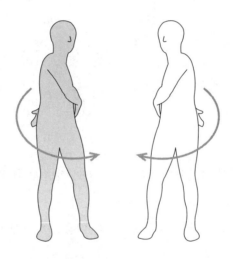

가. 척추를 펴고 양 발을 어깨넓이로 벌리고
　　어깨와 팔의 긴장을 푼다.
나. 아래 그림의 장난감 북을 손 사이에 넣고 좌우로 돌리듯

양 팔이 채찍처럼 몸에 착착 감기는 느낌으로 코어를 써서
척추를 시계-반시계방향으로 회전시킨다.

중심이 왼발로 이동하는 동안 코어는 오른쪽(시계방향)으로
회전하고 중심이 오른발로 이동하는 동안 코어는
왼쪽(반시계방향)으로 회전한다.

● 위 아래로 몸통 빠르게 흔들기

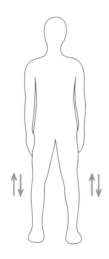

가. 척추를 펴고 양 발을 어깨넓이로 벌리고 어깨와 팔의 긴장을
    푼다.
나. 무릎을 빠르게 위아래 방향으로 흔든다.
다. 이에 따라 몸 전체가 위아래로 진동하는 동작을 반복한다.

● **좌우로 몸통 빠르게 흔들기**

일명 '목욕탕 덜덜이'라 하여 허리에 벨트를 두르고 진동으로
마사지 해주는 기계과 비슷한 느낌으로
스스로 몸을 좌우로 빠르게 흔드는 동작이다.

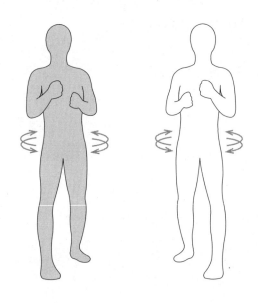

가. 척추를 펴고 어깨와 팔의 긴장을 푼다.

나. 양 발을 어깨넓이로 벌린 뒤 한쪽 발을 조금 앞에 딛는다.

다. 양 손을 명치 부근까지 들어 올린 뒤 가볍게 주먹을 쥔다.

라. 밸리 댄스에서 쉬미(shimmy)란 동작을 하는 것과 비슷한
    방식으로 팔은 고정한 채 척추를 좌우로 빠르게 움직여
    복부를 진동하는 동작을 반복한다.

마. 발과 손 위치를 바꾸어 실시한다.

세가지 유연성 운동

● 박쥐 자세(Bat pose)

일반적으로 몸이 얼마나 유연한지를 판단하려 할 때
가장 흔히 해보는 동작이 박쥐 자세인 것 같다.
걷기에 필요한가, 필요하지 않은가 여부를 떠나 중요하다.
움직일 때 어딘가 불편한 요소를 없애기 위하여
반드시 극복하길 바란다.

좌우로 다리 벌리기를 한 뒤, 앞뒤로 달리 벌리기를 시도해 본다.

● 롤 오버(Rollover)

복근을 자극시킴과 동시에 척추 유연성을 키운다.

가. 바닥에 누워 팔을 몸 옆에 둔다.

　양 팔에 무거운 추가 올려 있다고 상상한다.

나. 파워하우스를 이용하여 두 다리를 직각이 되도록 올린다.

다. 파워하우스를 이용하여 엉덩이를 들어 올리고
   다리를 머리 위로 넘긴다.
라. 숨을 고른 후 다리를 내려놓기 위해 역순으로 같은 과정을
   반복한다.

● 백밴딩(back Bending)

배근을 자극시킴과 동시에 척추 유연성을 키운다.

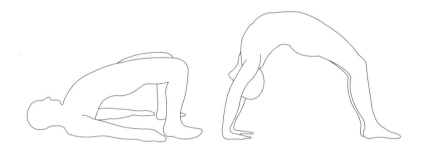

가. 바닥에 누워 팔을 몸 옆에 둔다.
나. 머리를 바닥에 두고 파워하우스를 이용하여
   엉덩이를 들어 올린다.
다. 척추 유연성이 충분한 경우 양 팔을 이용하여
   머리를 들어 올린다.

세가지 비틀기 운동

● 누워서 다리 넘기기

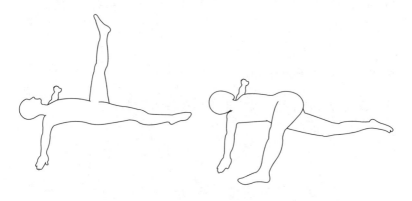

누워서 한쪽 다리를 들고 반대편으로 골반을 회전시킨다.

● 앉아서 척추 비틀기

앉아서 코어를 회전시켜 척추를 비튼다.

● 한쪽 발을 무릎 위에 올려놓고 비틀기

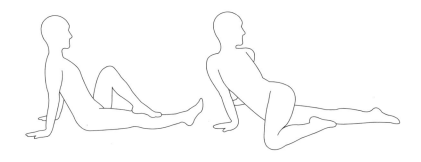

앉아서 한쪽 무릎을 반대편 무릎 위에 올리고
코어를 회전시켜 골반을 비튼다.

세가지 푸시업(Pushup) 연관 운동

● 고양이 자세

가. 두 손과 무릎을 바닥에 대고 기어가는 자세로 준비한다.
나. 머리를 숙여 등을 둥글게 말아 올린다.
다. 머리를 들어 등을 오목하게 낮춘다.

라. 무릎과 엉덩이를 직각으로 유치한 채 가슴이 바닥에 닿게 한다.

● 허리 튕기기

처음 이 운동하는 걸 옆에서 보았을 땐

그다지 대단해 보이지 않았다.

실제로 해보니 전혀 그렇지 않았다.

1~2분은 그럭저럭 할 만했으나 불과 3분을 넘기니

몸 전체, 구석구석 자극되지 않은 곳이 없다고 해도 과언이 아닐 만큼

어려운 동작이었다.

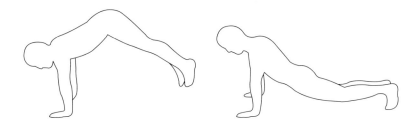

가. 팔굽혀펴기 자세를 취한다.

나. 양 팔은 바닥에 고정시킨 채 바닥으로 던진 공이 튀어 오르는
　　것과 같은 느낌으로 발을 2초에 3회 정도로 빠르게 공중에 살짝
　　띄우기를 반복한다.

다. 이때의 반동으로 허리가 빠르게 위아래로 흔들리는 동작이다.

● 힌두 푸시업(Hindu Pushup)

푸시업, 즉 팔굽혀펴기를 주로 가슴과 삼두근에 자극을 주는
운동으로 생각하기 쉽지만 좀 더 깊은 단계에 도달하면
이것은 팔 근육이 아닌 등 근육을 단련하는 훈련법으로
개념 자체가 바뀐다.
힌두 푸시업은 팔굽혀 펴기가 익숙치 않은 사람일지라도
팔 근육보다 등 근육을 자극하게 한다.
아울러 척추 유연성을 함께 길러준다.

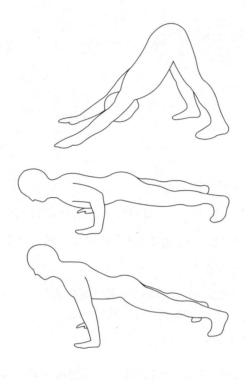

가. 파워하우스를 이용하여 엉덩이를 높이 들어 올려
   척추와 대퇴이두근을 동시에 최대한 늘린다.
나. 팔을 굽힐 때 엉덩이를 내리고 낮은 자세에서 푸시업 자세로
   복귀한다.

세가지 가벼운 덤벨(Dumbbell) 운동

가벼운 덤벨을 들고 하는 이 운동의 주목적은 '흐름(vinyasa)'이다.

각 동작은 정확하게, 동작과 동작 사이에는 끊어짐이 없도록,
이 두 가지 조건을 동시에 충족할 수 있게 되었을 때에만
좋은 흐름을 탈 수 있다.

● 앞뒤로 크게 원 그리기

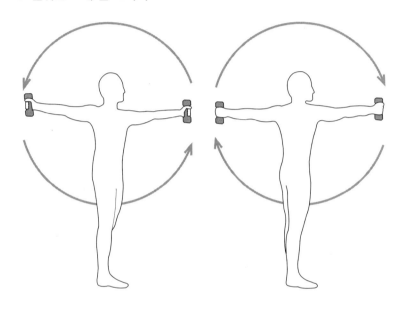

가. 양 손에 가벼운 덤벨을 들고 한 손은 앞으로 다른 손은 뒤로 뻗어
　　준비한다.

나. 팔 힘 대신 오로지 파워하우스를 이용하여 팔이 귀를 살짝
　　스치는 느낌으로 동작을 최대한 크게 하여
　　같은 속도로 원을 그린다.

다. 한 방향으로 원 그리기를 충분히 한 뒤 방향을 바꾸어
   동일한 동작을 반복한다.

● 런지(Lunge)

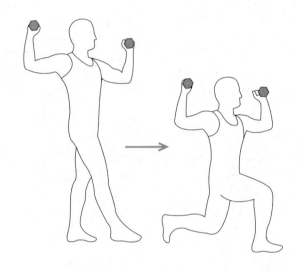

가. 양 손에 가벼운 덤벨을 들고 덤벨을 쥔 손이 하늘을 향하도록
   하여 양 팔을 어깨 높이까지 들어 올린다.
나. 등이 최대한 펴지는 느낌으로 팔꿈치를 직각으로 굽힌다.
다. 체중을 왼발에 둔 경우 코어를 오른쪽으로 회전시킨다.
   이 회전하는 힘에 의해 오른발은 앞으로 전진하기 전
   '준비' 상태가 된다.
라. 상체를 그대로 유지한 채 오른발을 평소 보폭보다 조금 더 멀리

앞으로 전진한 뒤 왼 무릎이 지면에 거의 닿을 때까지 내려간다.

마. 가벼운 반동을 이용하여 다시 처음 위치로 돌아온다.

바. 동일한 동작을 발을 바꾸어 실시한다.

● 복합 운동

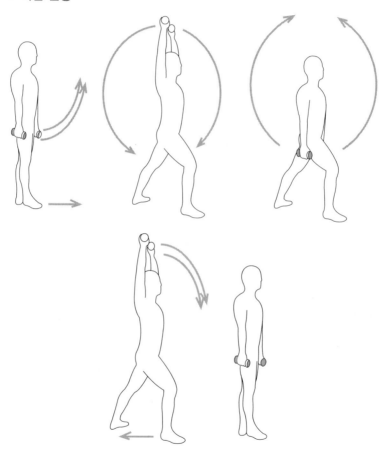

가. 어깨 힘을 빼고 체중을 왼발에 두고 시선이 비스듬한 방향을
  향하게 한다.
나. 오른발을 평소 보폭보다 조금 더 멀리 앞으로 전진할 때
  양 팔을 앞쪽으로 들어 올린다.
다. 하체를 고정시키고 양 팔을 크게 원을 그리며 내린다.
라. 하체를 고정시키고 양 팔을 크게 원을 그리며 다시 올린다.
마. 양 팔을 앞쪽으로 내릴 때 오른발을 다시 거두어들인다.
바. 동일한 동작을 발을 바꾸어 실시한다.

세가지 무거운 덤벨 운동

무거운 덤벨을 들고 하는 이 운동의 주목적은 '스윙(swing)'이다.
팔 힘으로 덤벨을 흔들지 않는다.
파워하우스에 의해 몸 전체가 그네를 타듯 일치된 흐름 속에서는
덤벨 또한 무위(無爲)를 따라 움직인다.

● 앞뒤로 흔들기

가. 척추를 곧게 편 상태를 유지하며
  무릎을 굽히고 상체를 비스듬히 숙인다.
나. 굽힌 무릎을 펴는 순간 스윙 운동이 시작된다.

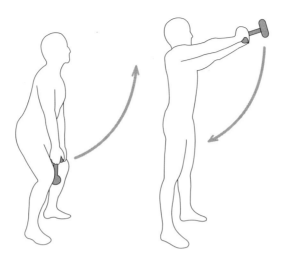

억지로 팔 힘을 쓰지 않는다.

최고점에 올라갔을 때 팔에 아무 힘도 들어가지 않는다.

● 좌우로 흔들기

가. 양 발을 어깨 넓이로 벌리고 서서 한 쪽 발에 온전히 체중을 싣고
   반대발은 인엣지(in-edge), 즉 발 볼만 바닥에 대고 준비한다.

나. 코어 회전시키고 무게 중심을 반대발로 옮김으로써
   스윙 운동이 시작된다.

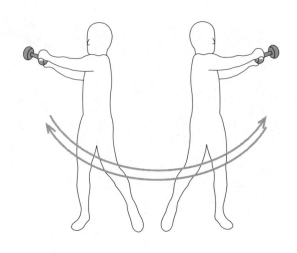

무게 중심이 옮겨지기 전 체중이 실린 발은
발바닥 전체가 땅을 지지하고 있다.
무게 중심이 옮겨진 후 체중이 실렸던 발은
새끼발가락이 들린 인엣지 상태가 된다.

무게 중심이 옮겨지기 전 체중이 실리지 않은 발은
인엣지 상태로 준비한다.
무게 중심이 이동함에 따라 체중이 실리지 않았던 발은
인엣지, 즉 발 볼에서 아웃엣지(out-edge),
즉 발 날이 바닥에 닿아 온전히 체중을 실은 상태로 바뀐다.

● 머리 위로 들어올리기

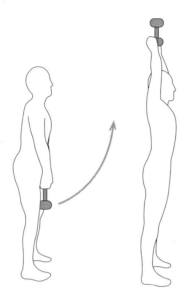

가. 무릎을 거의 편 상태로 팔에 힘을 뺀 상태로 준비한다.

나. 허리를 튕기는 느낌으로 덤벨을 단숨에 머리 위로

들어 올렸다 내려놓는 동작을 반복한다.

세가지 바벨(Barbell) 운동

● 오버헤드 스콰트

가. 다리를 어깨 넓이보다 조금 더 넓게 벌리고 서서 바벨을 높이
    들어 올린다.
나. 팔꿈치 편 상태를 계속 유지하는 것에 주의하면서
    척추를 늘리는 느낌으로 천천히 앉았다 일어서기를 반복한다.

내가 처음 운동을 배울 당시 척추를 바르게 유지하라며
제일 많이 들었던 비유가 머리에 줄이 매달려 있는 것 같은 느낌으로 몸을 옮기라는 것이었다.

그러나 머리로는 대충 이해가 되어도

몸으로는 어떻게 해야 하는 것인지 암담하기 짝이 없는 것이었다.

상상력이 풍부한 사람에게는 이 정도의 설명으로 충분할지

모르지만 그게 잘 되지 않아 무척 고생했다.

이제 운동을 가르치는 입장이 되고 보니

나 역시 줄이 매달려 있는 느낌을 가지라는 이 설명보다

더 좋은 표현을 찾기가 어렵다. 참 난감한 일이다.

척추 펴기가 잘 되면 잘 될수록 무위(無爲)에 가까워진다.

사람은 단번에 무위를 알 수 없으므로 유위로써

무위를 알아야 하는 것이다.

이를 위해 발견한 제일 좋은 운동이

오버헤드 스콰트(Overhead Squat)였다.

이 운동은 척추 펴기에 꼭 필요한 등 뒤쪽 근육의 쓰임을

터득하게 해 준다.

운동 잘 하는 비결이 이것에 있다고 해도 과언이 아닐 정도로

중요한 운동법이다.

단점은 척추 유연성과 근력이 적절하게 조화를 이루지 않으면

위험할 수 있다.

무경험자는 십중팔구 중심을 잃고 바벨과 함께 앞으로

고꾸라지게 된다.

그러므로 절대로 무거운 중량을 갖고 하지 말아야 한다.

보조해주는 사람이 있는 것이 좋다.

이렇게 바벨을 들고 있는 것만으로 척추는 강한 압력을 느끼게
되는데 이때 이 압박감을 몸 밖으로 밀어내기 위해 상하로 척추를
늘리고 좌우로 활배근을 펴려고 하게 된다.

그 상태로 무릎을 굽혀 고관절이 접힐 때까지 앉는 동안
바른 자세를 유지되지 못하면 필시 균형을 잃고 앞이나 뒤로
흔들리게 된다.

바꿔 말해 바벨이 흔들리지 않고 스콰트가 가능하다면
그 느낌이 곧 바른 자세의 기준이 될 뿐 아니라
견갑골 및 활배근의 쓰임을 확실하게 이해했다고 말할 수 있다.

이 운동은 스스로 바른 자세의 느낌을 공부할 수 있는 대단히
효과적인 수단이다.

뿐만 아니라 하체의 근지구력, 고관절 유연성, 견갑골에서
배근으로 이어지는 몸 힘의 핵심 되는 거의 모든 근력을 향상시킨다.

● 루마니안 데드리프트

가. 양 손으로 바벨을 쥐고 앉아 꼬리뼈가 아래쪽을 향하도록 한다.

　　(꼬리뼈를 올리면 무게중심도 같이 올라가 위험하다)

　　시선이 아래로 향하지 않도록 정면을 바라본다.

나. 고관절과 배근의 힘으로 일어선다.

다. 내쉬는 숨에 상체가 직각이 되도록 앞으로 숙인다.

   이 때 복근의 긴장감을 절대로 놓지 말아야 한다.

라. 들이마시는 숨에 직각이 된 상체를 바로 세운다.

   역시 복근의 긴장감을 절대로 놓지 말아야 한다.

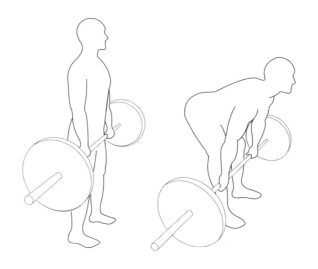

배근 단련을 위해 개인적으로 빼놓지 않고 시행하는 운동으로
루마니안 데드리프트가 있다.

이 운동은 근력 운동 중에서도 위험하다고 알려져 있는데
위험한 경우는 두 가지로 요약될 수 있다.

첫째, 척추 및 대둔근 유연성이 떨어지는 경우.

이것은 선 자세에서 상체를 앞으로 숙였을 때

완벽한 직각이 되어야 한다는 말이다.

그래야 무게중심이 배꼽아래로 내려간다.

등이 휘어지거나 대둔근의 당김이 심한 경우

무게중심이 위로 올라가 위험하므로

이 운동은 피해야 한다.

둘째, 무게에 욕심을 낸 경우.

스스로 할 만 하다 여겨지는 무게와 실제 몸이 견딜 수 있는 하중에

차이가 있음을 분명히 인지해야 한다.

할 만 하다고 생각되어지는 것보다 한 단계 적은 무게를 갖고 한다면

설령 순간적으로 집중력이 떨어져 자세가 잘못되더라도

큰 부상으로까지 이어지지는 않는다.

● 밀리터리 프레스

가. 팔꿈치를 몸통에 붙인 채 바벨을 어깨 부근에 준비시킨다.

나. 배근을 이용하여 바벨을 머리 위로 들었다 놓기를 반복한다.

팔굽혀 펴기와 개념이 비슷한 바벨 운동은

프레스(Press)라 불리는 운동이다.

여러 가지 프레스 방법 중 밀리터리 프레스(Military Press)는

코어를 써서 활배근 이용하는 요령을 깨닫는데 효과적이다.

단 어깨에 힘 들어가는 것에 주의해야 한다.

어깨에 힘 들어가면 코어와 파워하우스는 사용되어지지 않는다.

세가지 거꾸로 서기

● 벽을 이용한 거꾸로 서기

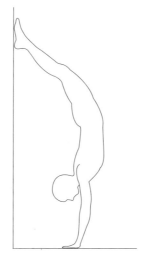

거꾸로 척추 펴기 하는 연습이다.
팔 만으로 거꾸로 서기는 어려우니 보조 수단으로 벽을 이용한다.

● **정수리를 바닥에 대고 거꾸로 서기**

나는 운동신경이 참 없다.
한 때 이것은 컴플렉스였지만 지금은 그렇지 않다.
운동에 재능이 없기 때문에 더 노력할 수밖에 없었고,
그 결과 마침내 '그것', 즉 코어[核]를 보았다고 믿고 있다.
코어를 본 이후에 코어 주변 근육들도 보이기 시작했다.
주변 근육들이 어느 정도 단련되고, 조금씩 더 코어를 잘 이용할 수

있게 되니 어느 날 어이가 없을 만큼 너무나 쉽게 거꾸로 서기가
그냥 되었다.

● 전갈 자세

마흔 살 전후가 되었을 무렵, 운동을 통해 지금보다 신체 능력이 더
좋게 되리란 기대는 하지 말고 나이를 먹어가더라도
최소한 현 상태를 유지만 하여도 성공적이라고 보았다.
그런데 그렇지 않았다. 그로부터 약 3년 뒤, 전혀 불가능했던
전갈 자세를 지금은 할 수 있게 된 것이다.
쉬지 않고 노력하면 마흔을 넘긴 나이에도
진보하는 것이 가능함을 이제는 말할 수 있다.

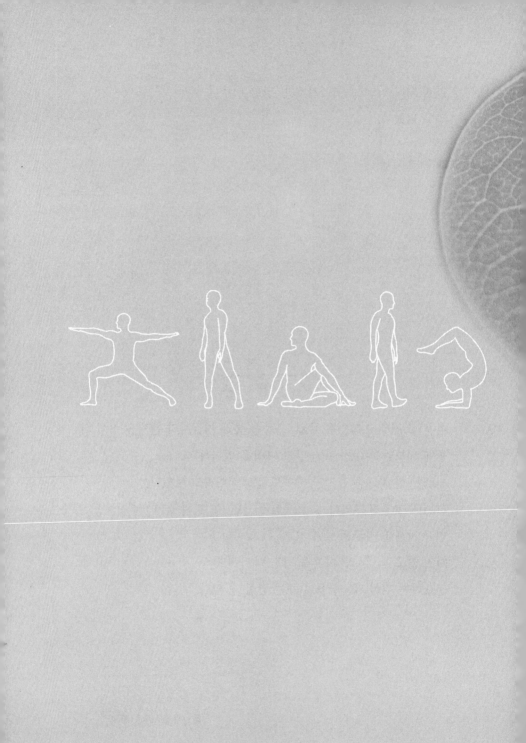

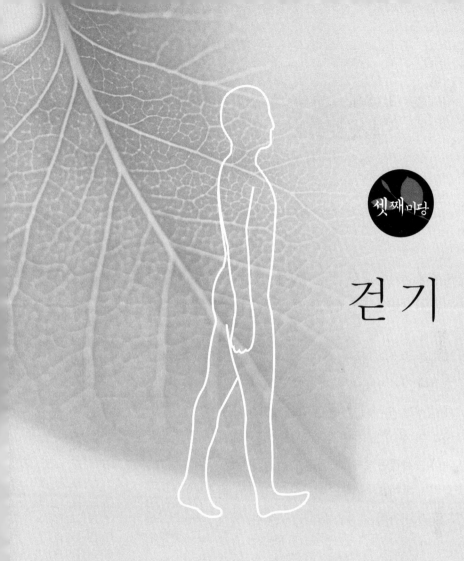

걷 기

바른 명상적 걷기는 뇌가 팔, 다리에
직접 명령을 내리면 안되고
반드시 중간에 코어[核]을
거쳐야만 한다.

1단계
힐&토(Heel & Toe)

명상적 걷기에 관한 나름 확고한 이론과 체계적 방편을 세워
처음 사람들을 지도하였을 때 예상치 못한 상황에 부딪혔다.

대체로 이론은 알아듣는 것 같았다.
그런데 걷기 연습을 시작하면 엉망인 것이 아닌가.
매일 생활 속에서 늘 걷던 걸음이지만
평생 단 한 번도 자신의 걸음걸이를 관찰해 본 적 없는
대다수 사람들에게 내가 준 낯선 이론이
오히려 독이 되어 매우 어색하고 경직되게 움직일 뿐
도무지 편안히 걷지를 못하는 듯했다.

바른 명상적 걷기는 뇌가 팔, 다리에 직접 명령을 내리면 안 되고
반드시 중간에 코어[核]를 거쳐야만 한다.
다음 장에 상세한 설명이 이어지겠는데
다리는 다리 힘으로 움직이는 게 아니고

오직 코어 회전과 무게 중심 이동이라는
두 요소에 의해 저절로 움직여지는 것이다.
이 기본적이고 당연한 요구가 매우 높은 장벽이라는 사실을
뒤늦게 깨달았다.
그래서 명상적 걷기를 위한 준비 단계를 설정하였다.
처음엔 부득이하게 다리 힘 쓰기를 허용하지 않으면 안 되겠다.
방법은 다음과 같다.

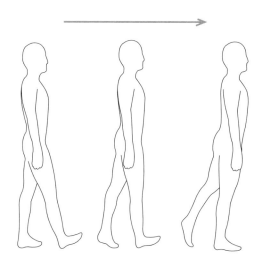

첫째, 척추를 편다.

둘째, (부득이하게 다리 힘을 써서) 한 쪽 발을 미리 앞에 두어
     '준비'한다.

셋째, 앞으로 걸을 때 앞으로 뻗은 발이 힐 & 토(Heel & Toe),

즉 뒷꿈치가 땅에 먼저 닿고 순차적으로 앞꿈치가 땅에 닿는
걸 최대한 주의 깊게 관찰하며 평소보다 느리게 걷는다.
뒤로 걸을 때 뒤로 뻗은 발이 토 & 힐(Toe & Heel),
즉 앞꿈치가 땅에 먼저 닿고 순차적으로 뒷꿈치가 땅에 닿는
걸 최대한 주의 깊게 관찰하며 평소보다 느리게 걷는다.

이 때 오해하지 말아야 할 것은 몸통은 그대로 놔둔 채 힐 & 토,
또는 토 & 힐로 발바닥만 순차적으로 놓고 있다면
이 연습을 하는 의미를 전혀 이해하지 못한 것이다.
힐 & 토 또는 토 & 힐이 진행되는 동안
다리 위에 얹힌 몸통이 같이 이동해야 한다.
이와 같이 몸통이 이동하면 저절로 무게 중심 이동이 일어난다.
즉 이것은 코어 회전은 뒤로 미루고 우선 기본중의 기본인
무게 중심 이동하기에 익숙해지기 위한 연습이다.

몸통이 이동하는 중단 단계에서 앞발은 앞꿈치가 들려 있고
뒷발은 뒷꿈치가 들려있게 되면 몸통이 좌우로 비틀거리고
균형 잡기 어려운 순간이 있다.
이것을 억지로 힘을 써서 잡으려 하지 말고,
더 적극적인 척추 펴기를 통해 균형이 무너지지 않도록 해야 한다.
이러한 걷기는 두 가지 본질적인 문제점을 안고 있다.

첫째, 체중이 왼발에 실릴 때엔 왼발에, 오른발에 실릴 때엔
　　　오른발에 무게 중심이 놓여 질 수밖에 없다.
　　　즉 무게 중심이 일직선으로 이동하질 못하고 좌우로 조금씩
　　　왔다 갔다 한다.

둘째, 한 쪽 다리를 앞으로 내뻗는 동작인 '준비'를 할 때
　　　다리 힘을 썼다.

이 두 가지 문제는 다른 듯 보이지만 사실은 원인이 같다.
코어 회전을 하지 않았기 때문이다.
다음 장에서 설명되어질 코어 회전을 올바르게 이해하여
몸으로 구현할 수 있게 되면 이 문제는 한꺼번에 해결된다.

이제 걷기에 코어 회전을 적용하기 위한 기초 연습을 할 차례다.
아래의 동작을 느린 속도로 따라해 본다.

제자리에서 전진하기 연습

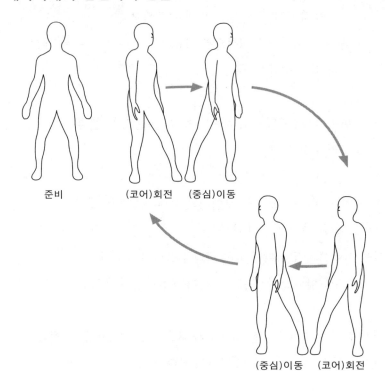

준비   (코어)회전   (중심)이동

(중심)이동   (코어)회전

가. 무릎을 약간 구부린 상태에서 양 발을
   어깨넓이 11자로 벌리고 선다.

나. 마치 새가 날개를 펴듯,
   등 근육을 이용하여 양 팔을 조금 벌린다.
   팔꿈치는 반드시 몸통보다 앞 쪽에 있어야 한다.

다. 무게 중심을 오른발로 이동한다.

라. 중심축을 반시계방향으로 회전시킨다.

이 때 어깨가 움직이는 것처럼 보이지만

실제로 어깨는 전혀 움직이지 않는다.

무게 중심이 회전하기 때문에

그 위에 얹힌 상체 전체가 따라 움직일 뿐이다.

양 발이 11자로 되어 있으므로

어느 정도 회전을 하고 나면 더 회전할 수 없다.

마. 회전한 상체 모양을 그대로 유지한 채 무게 중심만

왼발로 이동한다.

바. 중심축을 시계방향으로 회전시킨다.

이때에도 당연히 어깨는 전혀 움직이지 않는다.

양 발이 11자로 되어 있으므로 어느 정도 회전을 하고 나면

더 회전할 수 없다.

사. 회전한 상체 모양을 그대로 유지한 채 무게 중심만

오른발로 이동한다.

아. 다-사 동작을 반복한다.

공을 하늘을 향해 던지는 방법은 두 가지가 있다.

첫번째, 그냥 하늘을 향해 던지는 것.

두번째, 공을 바닥을 향해 던져 반작용에 의해

하늘로 튀어 오르게 하는 것.

중섬축을 회전시킬 때에도 두 가지 길이 있다.

첫번째, 회전하고자 하는 방향으로 그냥 회전하는 것.
두번째, 회전하고자 하는 반대 방향으로 몸이 약간 회전한 뒤
본회전이 시작되는 것.

첫번째 방법은 화살을 손으로 던진 것과 같다.
두번째 방법은 활시위를 당긴 뒤 나머지는 무위(無爲)에 몸을 맡긴
것이다.

제자리에서 후진하기 연습

가. 무릎을 약간 구부린 상태에서 양 발을 어깨넓이 11자로 벌리고
　　선다.
나. 마치 새가 날개를 펴듯,
　　등 근육을 이용하여 양 팔을 조금 벌린다.
　　팔꿈치는 반드시 몸통보다 앞 쪽에 있어야 한다.
다. 무게 중심을 오른발로 이동한다.
라. 중심축을 시계방향으로 회전시킨다.
　　이 때 어깨가 움직이는 것처럼 보이지만 실제로 어깨는 전혀
　　움직이지 않는다.
　　무게 중심이 회전하기 때문에 그 위에 얹힌 상체 전체가 따라
　　움직일 뿐이다.
　　양 발이 11자로 되어 있으므로 어느 정도 회전을 하고 나면 더

회전할 수 없다.

마. 회전한 상체 모양을 그대로 유지한 채 무게 중심만 왼발로
   이동한다.

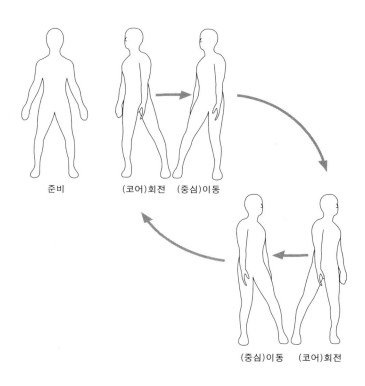

준비　　　(코어)회전　(중심)이동

(중심)이동　　(코어)회전

바. 중심축을 반시계방향으로 회전시킨다.

이때에도 당연히 어깨는 전혀 움직이지 않는다.

양 발이 11자로 되어 있으므로 어느 정도 회전을 하고 나면 더
회전할 수 없다.

사. 회전한 상체 모양을 그대로 유지한 채 무게 중심만 오른발로
　　이동한다.

아. 다-사 동작을 반복한다.

별 것 아닌 것처럼 보이지만 이것이 숙달되지 않으면

전혀 다음 단계로 나아갈 수 없다고 해도 될 만큼

이 연습은 중요하다.

2단계
낙하와 회복(Fall & Recovery)

준 비

이제 본격적으로 명상적 걷기에 관한 이야기를 해 보려 한다.
앞에서 이미 한 얘기지만 워낙 중요하여 한 번 더 강조하겠다.

　첫째, 코어를 써서 척추를 편다 = 몸을 세로로 편다.
　둘째, 코어를 써서 등을 편다 = 몸을 가로로 편다.

결국 바른 걷기란 몸이 움직이는 가운데에도
이 두 가지 대전제를 잃지 않는 것을 말한다.
몸을 세로와 가로로 펴면 몸 전체가 펴진다.
코어를 통해 척추 마디마디를 펴게 하여
꼬리뼈에서부터 정수리까지 하나의 선으로 연결되어야 한다.
코어를 통해 등을 펴게 하여 양 팔로 큰 공을 앉는 느낌을 가질 수
있어야 한다.
몸속에는 복잡한 태엽 시계보다 훨씬 더 정밀한 기계 장치가

들어 있다.

톱니바퀴 하나를 회전시킴으로써 전체 톱니바퀴가
유기적으로 움직이듯,
뇌는 단지 코어라는 작은 톱니바퀴 하나만을 제어할 뿐이지만
이를 통해 몸 전체를 통제할 수 있게 되는 것이다.

이제 앞으로 걷기 위하여 양 발 위에 얹혀 있던 체중을
한 쪽 발로 이동시켜 본다.
체중을 왼발로 옮겼을 때 코어를
시계방향으로 회전시켜야 한다.
체중을 오른발로 옮겼을 때 코어를
반시계방향으로 회전시켜야 한다.
코어가 회전하는 것에 의해 척추가 움직인다.
척추를 따라 어깨와 머리도 같은 방향으로 회전한다.

뒤로 걷고자 할 땐 회전 방향이 반대가 된다.
즉 체중을 왼발로 옮겼을 때 코어를
반시계방향으로 회전시켜야 한다.
체중을 오른발로 옮겼을 때 코어를
시계방향으로 회전시켜야 한다.

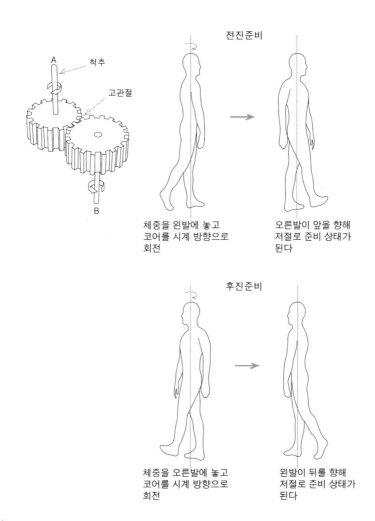

체중을 왼발에 놓고
코어를 시계 방향으로
회전

오른발이 앞을 향해
저절로 준비 상태가
된다

체중을 오른발에 놓고
코어를 시계 방향으로
회전

왼발이 뒤를 향해
저절로 준비 상태가
된다

톱니바퀴는 항상 다른 톱니바퀴와 맞물려 있을 때에만 의미가 있다.

위의 그림에서 A축의 톱니바퀴가 시계방향으로 회전하는 경우

맞물려 있는 B축은 당연히 반시계방향으로 회전한다.

이제 A축을 척추, B축을 오른 다리라고 가정해 본다.
코어와 골반이 맞물려 있는 사이에 고관절이 있다.
체중을 왼 다리에 올려놓았다면 전진하기 위해
낙하(fall)하기 전 오른 다리를 미리 앞으로 '준비'시켜야 한다.
코어가 회전하는 힘에 의해 A축, 즉 척추를 시계방향으로 회전
시키면 톱니바퀴가 움직이는 것과 동일하게
B축은 반시계방향으로 회전하게 된다.
B축이 회전함으로써 고관절에 연결된 오른 다리는
저절로 앞으로 나가 '준비' 상태가 된다.
다리 힘을 써서 오른 다리를 준비시키는 게 아니라 코어가 회전하는
힘에 의해 저절로 오른 다리가 앞으로 준비되는 것이다.

후진하기 위한 '준비'는 전진하기 위한 준비와 비교했을 때
코어 회전 방향이 동일한 경우에는 좌우 발 순서가 바뀐다.
(발 순서가 동일한 경우에는 코어 회전 방향이 바뀐다)
체중을 오른 다리에 올려놓고 코어가 회전하는 힘에 의해 A축,
즉 척추를 시계방향으로 회전시키면 톱니바퀴가 움직이는 것과
동일하게 B축은 반시계방향으로 회전하게 된다.
B축이 회전함으로써 고관절에 연결된 왼 다리는 저절로 뒤로 나가
'준비' 상태가 된다.

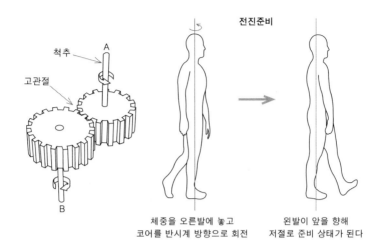

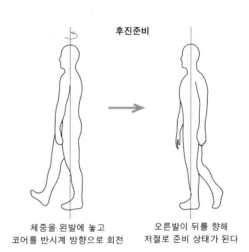

척추

고관절

A

B

전진준비

체중을 오른발에 놓고
코어를 반시계 방향으로 회전

왼발이 앞을 향해
저절로 준비 상태가 된다

후진준비

체중을 왼발에 놓고
코어를 반시계 방향으로 회전

오른발이 뒤를 향해
저절로 준비 상태가 된다

같은 논리로,

위의 그림에서 A축의 톱니바퀴가 반시계방향으로 회전하는 경우

맞물려 있는 B축은 당연히 시계방향으로 회전한다.

이제 A축을 척추, B축을 왼 다리라고 가정해 본다.
코어와 골반이 맞물려 있는 사이에 고관절이 있다.
체중을 오른 다리에 올려놓았다면 전진하기 위해
낙하(fall)하기 전 왼 다리를 미리 앞으로 '준비'시켜야 한다.
코어가 회전하는 힘에 의해 A축, 즉 척추를 반시계방향으로 회전
시키면 톱니바퀴가 움직이는 것과 동일하게 B축은
시계방향으로 회전하게 된다.
B축이 회전함으로써 고관절에 연결된 왼 다리는
저절로 앞으로 나가 '준비' 상태가 된다.
다리 힘을 써서 왼 다리를 준비시키는 게 아니라 코어가 회전하는
힘에 의해 저절로 왼 다리가 앞으로 준비되는 것이다.

후진하기 위한 '준비'는 전진하기 위한 준비와 비교했을 때 코어
회전 방향이 동일한 경우에는 좌우 발 순서가 바뀐다.
(발 순서가 동일한 경우에는 코어 회전 방향이 바뀐다)
체중을 왼 다리에 올려놓고 코어가 회전하는 힘에 의해 A축,
즉 척추를 반시계방향으로 회전 시키면 톱니바퀴가 움직이는 것과
동일하게 B축은 시계방향으로 회전하게 된다.
B축이 회전함으로써 고관절에 연결된 오른 다리는
저절로 뒤로 나가 '준비' 상태가 된다.

앞 장에서 부득이하게 다리 힘을 쓰지 않을 수 없었듯
이번에도 부득이한 것이 하나 있는데 시선이다.
코어를 회전시켜 '준비'하는 것까지는 좋은데
이 때 상체 전체뿐 아니라 머리도 같이 회전하게 되므로
시선이 좌우로 왔다 갔다 하게 된다.
걸을 때 시선이 이런 식이어서는 곤란하다.
따라서 이 단계에서 부득이하게 머리만큼은 코어 회전을 따르지
않고 걷는 동안 계속 정면을 응시하시 않을 수 없겠다.

전 진

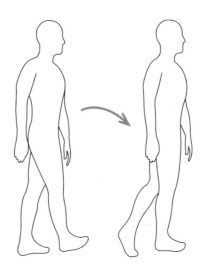

체중을 한 쪽 발에 옮겨 놓았고,

다른 발은 유기적으로 맞물려 돌아가는 코어와 고관절에 의해

'준비'를 끝마쳤으므로

전진하고자 하는 쪽으로 몸을 낙하(fall) 시킨다.

저절로 무게 중심이 뒷발에서 앞발로 이동한다.

무게 중심이 이동하는 동안 뒷발은 자연히 뒤꿈치가 들린다.

무게 중심이 이동하는 동안 앞발은 뒷꿈치(heel)가 땅에 먼저 닿은

뒤 서서히 발바닥 전체가 닿기 시작하여

최종적으로 앞꿈치(toe)가 땅에 닿으면 무게 중심 이동이 끝난다.

즉, 무게 중심이 이동할 때

발은 항상 힐 & 토(heel & toe)의 순서를 따른다.

무게 중심이 이동된 후에도 상체는 척추 펴기에 의해

항상 바른 자세가 유지되어야 한다.

마침내 우리는 다리 힘을 거의 쓰지 않고

대부분 몸 힘만을 이용하여 첫 일보를 내딛었다.

앞 단계에서는 부득이하게 다리 힘을 써서 '준비'를 하였지만

이제는 맞물린 톱니바퀴가 회전에 의해 저절로 다른 쪽 톱니바퀴를

움직이게 하듯 다리 힘을 거의 쓰지 않고 저절로 한 쪽 다리를

'준비'시킬 수 있게 되었다.

뿐만 아니라 이와 같은 회전의 요소가 추가됨으로써

아래 그림에서와 같이 무게 중심이 좌우로 왔다 갔다 하던 문제 또한 저절로 해결된다.

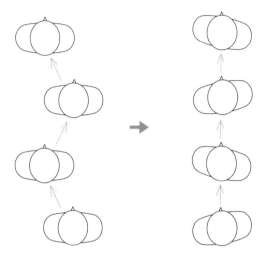

위에서 본 모습

높은 곳에서 뛰어 내릴 때 충격을 분산시키기 위해
몸은 본능적으로 무릎을 굽히고 몸을 웅크린다.
물론 이 같은 강한 충격은 아니지만 무게 중심이 일어난 뒤
몸은 곧바로 충격을 줄이기 위한 동작으로 이어져야 한다.
펴져 있었던 척추 마디마디가 충격 완화를 위해
서서히 줄어들기 시작한다.
척추가 줄어든다고 실제로 키가 줄어들지는 않는다.
몸은 대단히 유연하므로 이러한 내부의 변화가 밖에서 보일만큼

그렇게 경직되어 있지는 않다.
척추가 줄어들 때 자세가 바르지 않다면 예를 들어
벽돌을 똑바로 안 쌓고 삐뚤게 쌓아 무너져 내리는 것과 같은
상당히 심각한 문제가 발생한다.
그러므로 바른 자세는 무엇보다 중요하다 하지 않을 수 없다.

충분히 척추가 줄어든 뒤에는 바닥에 던진 공이 튀어 오르듯
반동(rebound)이 일어난다.
이 반동에 의해 흐름이 바뀌어 회복으로 이어진다.
즉 코어가 척추를 펴고, 코어가 다음 '준비'를 위해
또 다른 회전을 시작하고 고관절이 회전하는 것에 의해 뒤에 있던
발이 저절로 앞으로 나와 '준비'가 되면
또 다른 중심 이동, 즉 낙하와 회복을 반복할 수 있다.
이것이 앞으로 걷는 명상적 걷기의 당연하고 평범한 진실,
비밀 아닌 비밀이다.

후 진

체중을 한 쪽 발에 옮겨 놓고,
다른 발은 유기적으로 맞물려 돌아가는 코어와 고관절에 의해
'준비'를 끝마쳤으므로
후진하고자 하는 쪽으로 몸을 낙하(fall) 시킨다.

저절로 무게 중심이 앞발에서 뒷발로 이동한다.

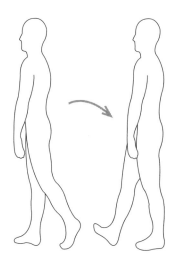

무게 중심이 이동하는 동안 앞발은 자연히 앞꿈치가 들린다.

무게 중심이 이동하는 동안 뒷발은 앞꿈치(toe)가 땅에 먼저 닿은 뒤

서서히 발바닥 전체가 닿기 시작하여 최종적으로 뒷꿈치(heel)가

땅에 닿으면 무게 중심 이동이 끝난다.

즉, 무게 중심이 이동할 때

발은 항상 토 & 힐(toe & heel)의 순서를 따른다.

무게 중심이 이동된 후에도 상체는 척추 펴기에 의해

항상 바른 자세가 유지되어야 한다.

마침내 우리는 다리 힘을 거의 쓰지 않고

대부분 몸 힘만을 이용하여 첫 일보를 내딛었다.

앞으로 걷기와 마찬가지로 충분히 척추가 줄어든 뒤에는
반동(rebound)이 일어난다.
이 반동에 의해 흐름이 바뀌어 회복으로 이어진다.
즉, 코어가 척추를 펴고, 코어가 다음 '준비'를 위해 또 다른 회전을
시작하고 고관절이 회전하는 것에 의해 앞에 있던 발이
저절로 뒤로 나와 '준비'가 되면 또 다른 중심 이동,
즉 낙하와 회복을 반복할 수 있다.
이것이 뒤로 걷는 명상적 걷기의 당연하고 평범한 진실,
비밀 아닌 비밀이다.

옆으로

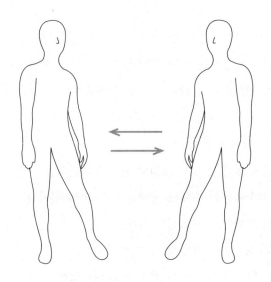

앞으로 걸을 때 힐 & 토(heel & toe),

뒤로 걸을 때 토 & 힐(toe & heel)의 순서로 이동하듯

무게 중심이 옆으로 이동할 때에는 발볼(In-edge)에서

발날(Out-edge)로, 즉 인엣지 & 아웃엣지(in-egde & out-edge)의

순서로 이동해야 한다.

왼발에서 오른발로 옆으로 이동하기 전 코어를 오른쪽으로

회전시키고 오른발에서 왼발로 옆으로 이동하기 전 코어를

왼쪽으로 회전시킨다면 앞으로 걷기와 개념이 동일하다.

왼발에서 오른발로 옆으로 이동하기 전 코어를 왼쪽으로

회전시키고 오른발에서 왼발로 옆으로 이동하기 전 코어를

오른쪽으로 회전시킨다면 뒤로 걷기와 개념이 동일하다.

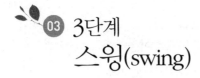

3단계
스윙(swing)

1/4 회전

앞으로 걷기 위하여 낙하와 회복이 반복되는 동안
코어는 좌우로 번갈아 회전이 일어나야 한다.

1보, 즉 낙하에 의한 첫번째 중심 이동이 일어나고 회복이 되는 동안
반대 방향으로 코어 회전을 하지 않고 놔두면 같은 방향으로 계속
회전하게 되어 2보의 무게 중심 이동으로 이어지는 몸은 전진하는
대신 저절로 1/4 회전(Quarter turn)으로 이어진다.
(1/4 회전에서의 '회전'은 축이 회전하는 게 아니고 움직이는 방향이
90도로 바뀌었다는 의미임을 주의한다)
첫 1보와 2보의 관계는 따로 떼어 낼 수 없으며
'관성'에 의해 저절로 그러하게 움직여지는 것,
마치 그네를 타는 듯한 느낌으로 자연스럽게,
한 순간에 일어나는 사건이다.
이와 같은 방식으로 움직이는 것을 가리켜 스윙(swing)이라 한다.

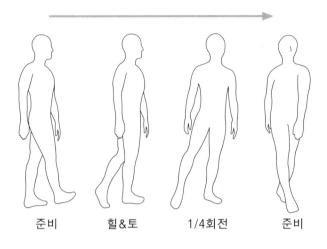

준비   힐&토   1/4회전   준비

전진할 때 발바닥이 땅에 닿는 순서는 항상 뒷꿈치가 닿은 뒤
앞꿈치가 닿는 '힐 & 토(heel & toe)'이지만
스윙에 의한 1/4 회전을 하는 경우에는
힐 & 토 - 토 & 힐(heel & toe - toe & heel),
다시 말해 1보는 힐 & 토(heel & toe),
2보는 토 & 힐(toe & heel)로 이어진다.

전진하는 1/4 회전이 그네를 타는 느낌이라면
후진하는 1/4 회전은 던진 공을 받을 때 충격을 흡수하는 느낌이다.

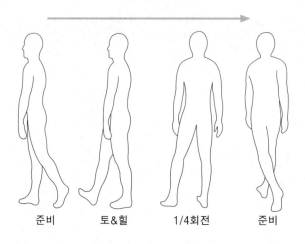

준비　　　　토&힐　　　　1/4회전　　　　준비

후진할 때 발바닥이 땅에 닿는 순서는 항상 앞꿈치가 닿은 뒤
뒷꿈치가 닿는 '토 & 힐(toe & heel)'이지만
스윙에 의한 1/4 회전을 하는 경우에는
토 & 힐 - 힐 & 토(toe & heel - heel & toe),
다시 말해 1보는 토 & 힐(toe & heel),
2보는 힐 & 토(heel & toe)로 이어진다.

그런데 발바닥이 땅에 닿는 위치에 집착을 하면
올바른 스윙이 일어나는 게 아니라
종아리 근육을 수축시키는
카프 레이즈(Calf Raise) 운동이 되기 쉽다.
원리에 맞게 코어를 회전시키고 무게 중심을 이동 시킨 뒤에는

'렛 잇 비(Let it be)'다.

무위자연의 길을 따르다 보면 발바닥이 땅에 닿는 순서는 저절로
그렇게 되는 것임을 잊지 말길 바란다.

잘 스윙하기 위하여 낙하가 일어나기 전 예비 동작이 필요하다.

왼쪽으로 1/4 회전하기 위하여 낙하가 시작되기 전
코어는 약간 오른쪽으로 회전하는 예비 동작이 일어난다.

오른쪽으로 1/4 회전하기 위하여 낙하가 시작되기 전
코어는 약간 왼쪽으로 회전하는 예비 동작이 일어난다.

이를 깨달은 뒤 사실은 모든 걷기 속에
스윙의 요소를 내포하고 있음을 알게 된다.

이 예비 동작의 느낌을 좀 더 확실하게 연습하는 방법은
다음과 같이 1/4회전하면서 걷기 앞에
전진 또는 후진을 하나 더 추가하는 것이다.

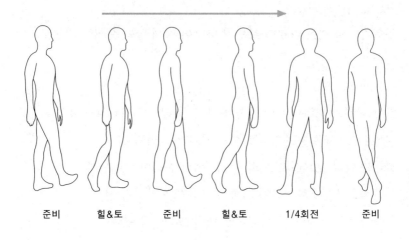

준비　　　힐&토　　　준비　　　힐&토　　　1/4회전　　　준비

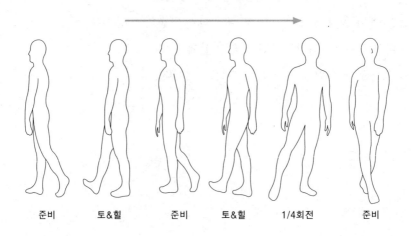

준비　　　토&힐　　　준비　　　토&힐　　　1/4회전　　　준비

원주 돌기

스윙에 의한 회전각을 1/4회전 대신 1/8(=45도)회전으로
할 수도 있다.
이 경우 작은 원 주위를 끝없이 반복해서 걷는 형태가 된다.

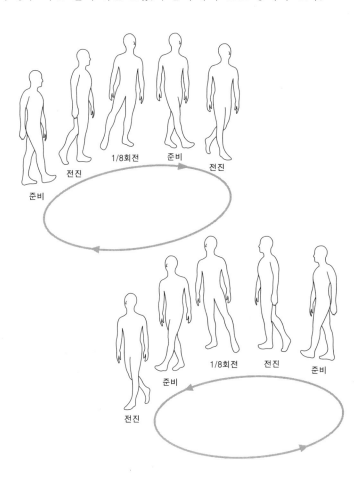

4단계
비틈(spiral)

이제, 보다 더 높은 단계를 논할 때가 되었다.
그러기 전 지금까지 한 이야기 핵심을 정리하면 다음과 같다.

　첫째, 코어 회전은 다리 힘을 쓰지 않은 채 다리를 앞으로
　　　'준비'시키기 위함이다.
　둘째, 무게 중심 이동은 다리 힘을 쓰지 않고 오직 낙하와 회복(fall
　　　& recovery)으로서만 한다.

다시 말해 코어를 써서 몸 힘만을 쓰고
다리 힘은 거의 쓰지 않는 법을 깨닫는 것이 가장 중요하다.
그러나 이 설명에는 아직 언급되지 않은 두 가지 문제점이 있다.

첫째, 지금까지는 중심 이동과 코어 회전을 칼로 무 자르듯 명확히
구별하여 설명하였다.
하지만 자연스러운 걷기에서는 절대로 그렇지 않다.

코어 회전과 무게 중심 이동은 각각 별개로 움직이는 것이 아니다.
양과 음은 어느 쪽이 기세를 얻었는가로 판단하는 것이지
순수한 양 또는 음만으로 존재할 수는 없는 것과 같은 이치다.
처음 연습할 때에는 이 둘을 나누어 하는 것이 좋다.
쿵푸(工夫)가 깊지 않은 상태에서 어설프게 둘을 섞으면
자연스럽기는커녕 두루뭉술해져버려
죽도 밥도 아닌 것이 되기 십상이기 때문이다.
이제는 두 요소를 하나의 원리로 관통시켜야 할 때가 되었다.

실제로는 코어가 회전하는 동안 조금씩 무게 중심이 이동하고
무게 중심이 이동하는 동안 조금씩 코어 회전이 일어난다.
추상적 표현을 쓰자면 양이 최고조에 달할 때
이미 음이 자라고 있고,
음이 최고조에 달할 때 이미 양이 자라고 있다.
마찬가지로 운(運)은 코어 회전이 세력을 얻었을 때고,
동(動)은 중심 이동이 세력을 얻었을 때긴 하지만
운(運) 안에 이미 동(動)이 자라고 있고,
동(動) 안에는 이미 운(運)이 자라고 있다.

둘째, 코어를 회전시키면 톱니바퀴가 회전하듯 고관절이 움직인다.
이로써 하체 위에 얹힌 상체 전체(어깨, 머리 포함)와 시선까지도
코어가 회전하는 대로 따라서 움직이게 되는데 실제로 걸을 때

시선이 좌우로 왔다 갔다 하면 곤란하여
이것만큼은 부득이하게 정면을 향하도록 하게 하니
어깨와 머리 사이에 부자연스러운 어긋남이 있었다.

바르게 움직이기 위하여 코어는 반드시 회전해야 하고
시선은 항상 정면을 향해야 하고 어깨와 머리로 이어지는 선(線)을
어긋남 없이 자연스럽게 할 수는 없을까?

이 문제를 해결하기 위해서는
척추에 관한 보다 깊은 이해가 필요하다.
결론적으로 코어에 잇닿은 고관절을 회전시킴으로써 그 위에 얹힌
상체 전체가 더불어 회전하던 지금까지의 단계를 뛰어 넘어
코어를 기점으로 각 척추를 한 방향으로 조금씩 비틂으로써
아래 그림과 같이 척추 전체가 나선 형태가 되도록 하여 '준비'하는
요령을 터득해야만 한다.

이로 인해 그냥 서 있던 때보다 척추는 더 늘어나게 되며
이 흐름을 계속 이어 정수리 끝까지 보낼 수 있게 되면
지구와 정확히 직각을 이루었던 중심선은 걷는 방향을 향해
기분 좋은 미묘한 기울어짐(sway)이 생겨난다.

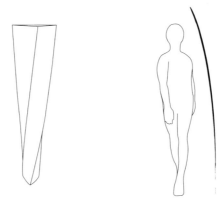

비틀 자세

어깨 회전과 시선 사이에 생겼던 갈등은 저절로 해결된다.
이 단계를 올라왔을 때에만 진실로 등 펴기의 중요성을 알게 된다.
비틀기가 더해진 코어 회전을 하는 동안 자칫 양 팔 중 하나가
등 뒤로 빠지는 경우가 종종 발생하기 때문이다.
척추 펴기에 이은 등 펴기에 대한 이해가 완벽해질수록
각 관절들이 어떻게 움직여야 마땅한지에 관한 이해 또한 깊어진다.

이 단계를 이해하는 건 마치 장대높이뛰기를 하듯 도약을 한 것과
같아 이것을 알기 전과 후, 걷는 느낌 또한 크게 달라진다.
대단히 유감스럽게도 언어로는 이 단계의 느낌들을
낱낱이 설명하기가 거의 불가능하다.
논리로 알 수 있는 게 아니라 오로지 직관을 통해서만 가능하다.

엄청나게 심오하고 거창한 경지라고 할 만큼은 아니다.
알기 전엔 감도 못 잡을 만큼 혼란스럽지만
정작 알고 나면 사실 별 것 아니다.
이론상 이 원리를 듣는 즉시 이해하여
곧바로 몸에 적용하는 것이 가능은 하겠지만
대다수는 이 단계에 올라오는데 상당히 긴 세월을 코어 회전과
무게 중심이 이동하는 연습에 투자하지 않으면 알기 어렵다.
그러다 보면 어느 날 갑자기 '그것'을 알게 될 것이다.
지식을 쌓듯 조금씩 점진적으로 알게 되는 게 아니라
갑자기 한꺼번에 알게 된다.
몸 공부, 즉 쿵푸의 첫 단계는 바로 이 원리를 깨닫기 위한
시간들이라고 해도 과언이 아니다.
마침내 열쇠를 찾아 문을 열고 들어선
이 순간부터 덕(德)이 쌓이는 진짜 쿵푸가 시작된다.

원주 돌기

이 단계를 알기 위한 특별한 연습 방법이나 비결은 없다.
지금까지 해 오던 것을 중단하지 않고 하는 것이 최선이다.
드디어 여기에 다다랐을 때 좀 더 재미있게 할 수 있는 원주 돌기
방법을 하나 더 소개하려 한다.
전진만 하던 것에 약간 변화를 주어

전진과 후진을 섞어 원 주위를 도는 연습이다.

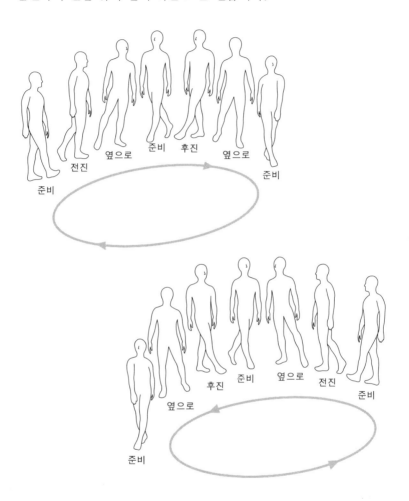

준비   전진   옆으로   준비   후진   옆으로   준비

준비   옆으로   후진   준비   옆으로   전진   준비

05 5단계
라이즈 & 폴(rise & fall)

지금까지 설명한 명상적 걷기에서는
코어가 회전한 뒤 낙하와 회복에 의한 1보 전진이 일어나고
코어가 반대 방향으로 회전한 뒤
낙하와 회복에 의한 그 다음 전진을 하였다.
글로 써 놓으니 약간 복잡해 보일 수 있겠으나
사실 이건 일상의 자연스러운 걸음걸이 자체다.

때때로 춤이나 무술과 같은 분야에서는
이와는 다른 방식의 무게 중심 이동법이 필요할 때가 있다.

코어 회전 한 번에 1보 전진이 아니라
코어 회전 한 번에 3보를 전진시키는 것이다.

코어 회전과 3보 전진을 따로따로 하는 게 아니고
두 요소가 유기적으로 결합되어

3보 전진하는 동안 코어가 한번 회전한다.

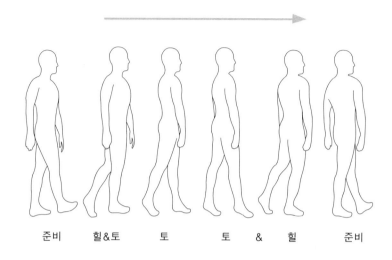

준비   힐&토   토   토   &   힐   준비

전진할 때 발바닥이 땅에 닿는 순서는

1보에서 힐 & 토(heel & toe),

2보에서는 토(toe)만 살짝,

3보에서는 토 & 힐(toe & heel)로 마무리 된다.

후진할 때 발바닥이 땅에 닿는 순서는

1보에서 토 & 힐(toe & heel),

2보에서는 토(toe)만 살짝,

3보에서는 토 & 힐(toe & heel)로 마무리 된다.

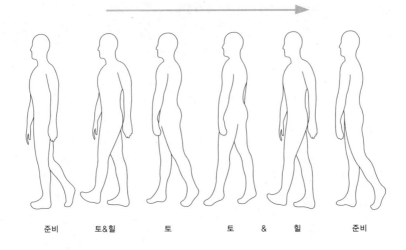

준비　　토&힐　　토　　토　&　힐　　준비

이 연습을 하기 위해서는

꽤 높은 수준의 척추 펴기와 등 펴기에 대한 이해가 있어야 하며

나아가 '스윙'과 '비틈'을 충분히 이해하지 못한 상태에서

연습을 하는 건 의미가 없다.

3보 전진하는 동안 코어가 한번 회전한다는 의미를 몸으로

확실히 느끼지 못한 채 흉내를 내는 것에 불과하기 때문이다.

흉내 내기는 때로는 맞고, 때로는 틀린다.

06 비움[虛]

팔 힘만 쓰다 코어를 써서 몸 힘 쓸 줄 알게 되면
몸은 훨씬 더 기분 좋게 움직여지지만
이것 또한 상대적인 것에 불과하다.

'비틂'을 이해함으로써 몸은 보다 더
무위(無爲)에 접근할 수 있게 되었지만
이것 또한 상대적인 것에 불과하다.

더 깊은 무위에 대하여 유위부자연(有爲不自然)한 것이다.

하나의 기술[術]을 깊이 있게 숙달시키면 예술[藝]이 된다.
예술이 무위자연을 만나면 큰 길[道]이 된다.

명상적 걷기는 코어[核]를 잘 관찰하며 걷는 연습이다.
조금 과장해서, 걷기를 잘하면 따로 운동할 시간을 낼 필요 없이

일상생활에서 걷는 행위 자체가 운동임과 동시에
명상적 움직임이 된다.

걷기를 잘하게 된 뒤 음악에 맞추어 걷기만으로 예술, 즉 춤이 된다.
고전무용, 발레, 현대무용처럼 춤이 꼭 고도의 신체 훈련을 쌓은
사람만 가능한 고난도 테크닉을 필요로 하는 건 아니다.
왈츠 음악에 맞추어 잘 걸으면 그게 곧 왈츠이고,
폭스트롯 음악에 맞추어 잘 걸으면 그게 곧 폭스트롯이고,
탱고 음악에 맞추어 잘 걸으면 그게 곧 탱고가 된다.
춤은 걷기가 무위자연에 근접해 갈수록
저절로 따라오는 보너스 같은 것이다.
물론 명상적 걷기가 갖고 있는 본질로 인해 열정, 광란 등을
의미하는 디오니소스적인 것들 보다는
즉흥적 움직임 가운데 냉철함을 잃지 않는 아폴론적 요소들이
더 많이 눈에 띌 것이다.

잘 걷는 걸음은 아름다운 것[美]이다.
잘 걷는 걸음이 아름다운 것은 아름답지 않은 것(=有爲)들을
제거했기 때문이다.

아름다움을 승화시키면 착한 것[善]이 된다.
잘 걷는 걸음이 착한 것은 아름다움이 유지되고 있기 때문이다.

착한 것을 승화시키면 참된 것[眞]이 된다.

잘 걷는 걸음이 참된 것은 코어가 '몸의 나'임을 알았기 때문이다.

여기까지 온 것도 숱한 고생을 겪고 온 것이긴 하지만

이 다음부터가 더 힘들고 중요하다.

자신이 쌓아온 '몸 나'에 집착하면

더 이상은 발전을 기대할 수 없다는 것이다.

왜냐하면 실체가 있다고 믿었던 코어가 사실은 비어있기 때문이다.

역설적이게도 코어를 자각한 후에만 코어가 아무 것도 아니라는 것,

즉 빈 것이라는 걸 알게 되는 것 같다.

옛말에 강을 건너기 위하여 견고하게 만든 뗏목일지라도

강을 건넌 후에는 그것을 과감히 버리지 않으면

앞으로 나갈 수 없다는 가르침 그대로

고생해서 찾은 코어를 때때로 다시 버리지 않으면 안 된다.

격의(格義)

신비주의로부터 탈피함과 동시에 직접 체험을 통해

이해한 것 외의 것을 과감히 제거하였기 때문에

명상적 움직임을 수련하지만 도교의 연단(煉丹)을 말하지 않고,

요가를 수련하지만 요가수트라에 나오는 초능력을 말하지 않고,

불교 철학을 존중하지만 아뢰야식(阿賴耶識)을 말하지 않는다.

01 격의(格義)

20-30십대 이십여년을 불빛 하나 없는 바다를 헤매듯
결말을 예측조차 할 수 없이 좌충우돌하며 실험을 거듭한 결과
마침내 평생을 걸고 갈만한 가치가 있어 보이는
한 길[道]을 발견했다.

일상 속에서 명상적 걷기를 실천하고 있는 건
무위자연의 이치에 조금씩 더 가까워 질 수 있겠다는
기대감 때문이다.

이삽십대엔 마치 암호처럼 잘 알 수 없었던 옛 글을 지도삼아
길을 찾기 시작하였던 반면 지금은 길 간 체험을 근거로
옛 글을 재해석하는 재미로 세월을 낚는다.
본격적으로 처음 접한 운동 종목이 무술이다 보니
『병법가전서(兵法家傳書)』, 『부동지신묘록(不動智神妙錄)』,
『오륜서(五輪書)』등 옛 무술 서적들부터 시작하여
이런 짓이 확대되니 내가 접한 거의 모든 책과 사상들을

바르게 몸 움직이는 원리에 입각하여
전혀 다른 관점에서 바라보는 눈이 생겼다.

내가 신비주의를 가능한 한 배제하고 있는 것은
과학적으로, 바꿔 말해 논리적으로 사유하는 방식에 익숙하기
때문이다.
덕분에 '기(氣)'란 용어를 일절 쓰지 않고 '몸 힘' 쓰는 원리를
정리할 수 있었다.

도(道)는 '길' 이상의 의미로 쓰지 않는다.
도사(道士)는 산신령과 동기동창이 아니라
그저 '길 가는 사람'에 불과하다.

단전(丹田)은 장풍 쏘기 위해 축기하는 곳이 아니라
특별한 무게 중심일 뿐이고,
나아가 그 무게 중심을 감싸는 근육들,
즉 파워하우스를 가리킨다.

신비주의로부터 탈피함과 동시에 직접 체험을 통해
이해한 것 외의 것을 과감히 제거하였기 때문에
명상적 움직임을 수련하지만 도교의 연단(煉丹)을 말하지 않고,
요가를 수련하지만 요가수트라에 나오는 초능력을 말하지 않고,

불교 철학을 존중하지만 아뢰야식(阿賴耶識)을 말하지 않는다.
아니, 모르니까 말 못한다.
난 무위자연을 불교에서 말하는 '연기(緣起)하므로 공(空)하다'는
것과 동일한 틀로 이해한다.
의도하지는 않았지만 격의불교(格義佛教) 방식을 따르고 있는
셈이다.

이어지는 글들은 위와 같은 뜻에서 기존 생각의 틀에서 벗어나
개인적으로 확신하게 된 몸 움직이는 원리에 따라
몇몇 사상들을 새롭게 재해석하여 정리한 것이다.
하나하나 결론에 다다르기까지 꽤 오랜 산고를 거듭한
내용들이지만
나와는 다른, 읽는 분의 입장 차이로 인해
일부 파격 내지는 무리한 시도라 여겨지는 것들도 있을 것이다.
물론 개인적으로는 공감하는 분들이 많기를 기대한다.
하지만 고정된 맥락에서 벗어나 다르게 접근해 보는데
조금이나마 일조를 하였다면
그것만으로 충분히 해 볼만 한 시도였다고 본다.

② 대붕(大鵬)

내 나이 서른여덟살 되었을 무렵 처음 몸 힘을 깨달았다.
이후 몸 힘은 평생의 화두가 되었다.
운동을 한 지는 이십여년 가까이 되건만 진짜 쿵푸(工夫)가 시작된
것 또한 이 때부터라 몸과 정신에 쌓인 덕(德)은 그다지 깊질 못하다.
하지만 이 소박한 앎을 바탕으로 남보다 조금이나마 아는 척할 수
있는 것 또한 몸 힘에 관한 것이다.
무위자연을 깨달은 단계만큼만 몸 힘을 이해할 수 있다.
유위부자연스런 방편을 끝없이 갈고 닦아야
'그것'에 조금 다가갈 수 있다.

『장자(莊子)』내편에 나오길, 북쪽 바다에 사는 곤(鯤)이라 하는 큰
물고기가 변하여 크기가 몇 천리인지 알 수 없을 만큼 큰 붕(鵬)이란
새가 되었다고 한다.

곤과 붕이 무엇을 의미하는지 저마다 해석은 분분할 수밖에 없다.
상상력으로 쓴 글이므로 해석하는 이 또한 같은 상상력을

쓰는 게 좋겠다.

곤이 변해 붕이 되었다는 건
물이 끓어 일부는 넘치고 일부는 수증기가 되듯,
뱀이 탈피하여 새롭게 거듭나듯,
나비의 날개짓이 오랜 세월 끝에 큰 태풍을 불러 오듯,
마침내 몸이 환골탈태하였음을 과장법을 써 표현한 것이다.

대붕이 한번 날개짓으로 엄청난 거리를 난다는 건
팔 힘을 버리고 몸 힘을 쓸 줄 알게 되었음을
과장법을 써 표현한 것이다.

팔 힘은 쓰기 간편하지만 조잡하고
몸 힘은 쓰기 어렵지만 아름답다.

몸 힘 쓸 줄 모르는 쓰르라미와 작은 비둘기는
팔 힘써서 해도 될 일, 왜 저렇게 힘들게 사냐고 대붕을 비웃는다.
대붕은 거기에 어떤 대꾸도 해 줄 수 없다.
몸 힘을 직접 경험하지 못한 이에겐 그 어떤 말도 해 줄 수가 없다.

03 사단칠정(四端七情)

조선 시대 사단칠정 논쟁의 시발점이 되었던
기대승과 주고받은 편지를 통해 퇴계 이황이 주장하시기를
사단(四端)은 순수한 것, 칠정(七情)은 잡스러운 것으로
명확히 구별하여 잡스러운 것으로부터 아무 영향을 받지 않는
순수한 이(理)의 발(發)에 집착하였다는 점에서 이 분의 사상은
'하늘엔 빛나는 별, 내 마음엔 도덕률'이란 말을 남긴 독일철학자
칸트와 통하는 면이 있는 것 같다.

사단은 서양 사람들이 말하는 이성을 가리키고
칠정은 감성을 가리킨다고 한다면,
사단은 이성적 판단처럼 일관되며 냉철하고
칠정은 감성이 수시로 변하듯 변덕스럽고 여기저기에 휩쓸리므로
인간의 행동은 사단에 바탕을 두어야만 참된 도덕성을 발휘하게
되고 칠정에 바탕을 두면 어떨 땐 선했다가 어떨 땐 선하지 않았다가
들쭉날쭉 된다.

사단과 칠정의 관계는
이성과 감성뿐 아니라 몸 힘과 팔 힘에 대응시킬 수 있다.

사단이 순수한 성질을 갖고 있듯
몸 힘은 대단히 잘 정련된 철처럼 순도가 높은 힘이다.
칠정은 잡스러운 성질을 갖고 있듯
팔 힘 또한 불순물이 섞인 철처럼 신뢰성이 떨어진다.

몸 힘과 팔 힘은 모두 인간의 정신 또는 마음에서 나오지만
결정적인 차이는 단전 또는 코에[核]를 거쳐 팔에 전달되어
나오느냐, 아니면 뇌에서 곧바로 팔에 전달되어 나오느냐의 차이다.
다시 말해 정제 과정을 거치면 몸 힘이 나오고
정제 과정을 거치지 않으면 팔 힘이 나온다.

그럼 정제 장치는 어디에 있는가.
인간의 몸 안에 이미 갖추어져 있다.
순수한 이(理)와 같은 관념적 세계가 존재하는 게 아니고
모든 게 다 인간의 몸과 마음 안에 있다.
다만 그걸 직관적으로 인식하는가,
인식하지 못하는가의 차이만 있을 뿐이다.

같은 논리로 인간의 마음이 정제과정을 거쳐 나오면 사단,

정제과정 없이 바로 나오면 칠정이다.

그러므로 수련 과정을 거치지 않아 곧바로 칠정을 쏟아 내는
대다수 사람들에게 어느 정도 타율적 도덕성을 강요해야 할
현실적 필요성이 있다.
이 같은 필요에 의해 등장한 것이 법과 종교 같은 것들이다.
생활 속 윤리를 강제하기 위한 장치는
형태는 다르지만 모든 인간 세상에 존재했었다.
하지만 이런 것들은 자발적 도덕성으로 가기 위한 방편일 뿐
인간 위에 군림하고 강요하는 주체일 수는 없다.
실제로는 세월이 흐르는 동안 형식화되고 독단에 빠져
해악을 끼친 예들을 우리는 무수히 본다.

아무튼 이와 같은 현실적 방편을 강조하는 것이 이른바 성악설이고
인간 본성에 이미 갖추어져 있는 '그것'을 직접 가리켰을 때에는
성선설이 된다.
즉 둘은 서로 대립하는 관계가 아니다.

형식만 남은 흔적들 속에서 본래의 뜻을 다시 찾고자 하는 것이
몸 수련의 진짜 목적이다.
단전 쓰는 법에 관한 이해가 깊어갈수록 전혀 뜻하지 않게
자발적 도덕성과 연결된다는 것은 참 놀라운 일이다.

04 삼재(三才)

한글 자음은 발음기관을 본뜨고 한글 모음은 삼재(三才)를 본떠
만든 세계에서 유례를 찾아볼 수 없는 독창적인 문자라는 건
이미 잘 알려져 있다.

자음은,

　입술소리[脣音]인 ㅁ에서 ㅁ, ㅂ, ㅍ이 나오고
　잇소리[齒音]인 ㅅ에서 ㅅ, ㅈ, ㅊ이 나오고
　혓소리[舌音]인 ㄴ에서 ㄴ, ㄷ, ㅌ이 나오고
　어금닛소리[牙音]인 ㄱ에서 ㄱ, ㅋ, ㆁ(옛이응)이 나오고
　목구멍소리[喉音]인 ㅇ에서 ㅇ, ㆆ, ㅎ이 나오고
　반혓소리는 ㄹ, 반잇소리는 ㅿ이다.

모음은,

　'하늘'을 가리키는 · (아래아)와

'땅'을 가리키는 ㅡ와
'사람'을 사리키는 ㅣ를 조합하여
초출자인 ㅗ, ㅏ, ㅜ, ㅓ가 나오고
재출자인 ㅛ, ㅑ, ㅠ, ㅕ가 나왔다.

몸 힘쓰는 수련이 깊이를 더해갈수록
삼재 사상과 매우 유사한 방식으로
눈으로 볼 수 없는 보이지 않는 힘의 존재를 몸으로 느낄 수 있다.

첫째, 부력이다.

척추 펴기가 잘 되면
물 아닌 공기 중에서도 부력과 비슷한 것을 느낄 수 있다.
무게 중심을 한 발에 온전히 놓을 수 있게 되면
작용에 의한 반작용의 힘이 척추를 타고 전달되어
정수리 끝까지 미친다.
이것이 '하늘'이다.

둘째, 중력이다.

지구는 언제나 나를 당긴다.
중력에 저항하려 하면 불필요한 힘이 들어간다.

중력이 당기는 방향으로 균형을 잘 맞출 수 있게 될수록 불필요한
힘은 사라진다.
척추 펴기와 중심 이동이 잘 되면 중력을 내 편으로 만들 수 있다.
중력에 거스르지 않는 이치에 점점 더 가까워지는 것이
곧 무위(無爲)다.
이것이 '땅'이다.

셋째, 단전(丹田)이다.

부력과 중력을 하나의 일치된 흐름으로 연결하는 구심점이 코어[核],
즉 단전이며
코어를 느끼는 감각은 파워하우스라는 단전 주변 근육 단련과
명상적 움직임을 통해 점점 더 깊어진다.
이것이 '사람'이다.

방편은 부력, 중력, 그리고 단전의 쓰임을 잘 깨닫게 도와준다.
처음엔 겉으로 드러난 용(用)만을 본다.
쿵푸(工夫)가 깊어지면 방편 속에 감추어진 체(體)를 볼 수 있다.

05 지수화풍공(地水火風空)

에도 시대 초기 일본의 유명한 검객이었던
미야모토 무사시(宮本武藏)는 『오륜서(五輪書)』라는 책을 남겼다.
다섯개의 두루마리로 되어 있기 때문에 '오륜서'라고 한다.
또한 각각을 지(地), 수(水), 화(火), 풍(風), 공(空)이라고 명명했다.

고대 그리스 철학자 엠페도클레스(Empedocles)는 만물의 근원이
물, 불, 흙, 공기라는 네 가지 질료로 구성되어 있다고 주장하였다.
공(空)을 뺀 나머지가 물 = 水, 불 = 火, 흙 = 地, 공기 = 風으로
정확히 일치한다.
고대에 동양과 서양 사이에 의외로 활발한 교류가 있었다는 사실이
다방면에서 밝혀지고 있는 바,
서양의 파워하우스(powerhouse)와 동양의 단전(丹田) 개념이
Power + House = 단(丹) + 전(田)으로
서로 묘하게 일치하는 관계를 보여주고 있듯,
지수화풍공 또한 이와 비슷한 사례라 하지 않을 수 없겠다.

엠페도클레스에 따르면, 이 변치 않는 네 가지 질료는
서로 '사랑'하는 방식에 따라 다양한 비율로 섞여
온갖 만물이 만들어졌다가 불화로 인해 다시 흩어지기를 반복한다.
물리학이 믿을 수 없을 만큼 고도로 발달한 오늘날
이러한 설명은 참으로 소박하기 그지없어 보이지만
인식의 틀을 조금 바꾸어 각 질료들을 만물의 근원 대신
바르게 몸 움직이는 원리로 바라보면
다음과 같은 그럴싸한 설명을 달 수 있다.

지(地)는 중력을 거스르지 않고 잘 선 몸, 즉 바른 자세다.
수(水)는 무기력함이 아닌 이완이다.
화(火)는 경직됨이 없는 긴장이다.
풍(風)은 흐름, 즉 중심 이동과 회전을 완전히 이해한
명상적 움직임이다.
공(空)은 무위자연이다.

그러므로 수신(修身)은 몸을 통한 지수화풍공(地水火風空)을
공부하여 덕(德)을 쌓는 짓이다

06 아트만(Atman)

교과서에도 실려 있는 만큼 널리 알려진 유명한 시(詩)지만
어렸을 때에는 의미를 잘 몰라 유난히 재미없고 무미건조해 보였던
작품이 김춘수의 「꽃」이었다.
나의 고정관념 속에 시라는 것은 미사여구를 많이 써서
없어도 있는 척, 있는 건 더 있는 척하는 것들이어야 하는데
이것은 도무지 그런 구석이 없었기 때문이다.

그로부터 이십 몇년이 흐른 지금
오히려 더 선명하게 기억하는 시가 바로 이것이기도 하다.
꽃이 단순히 눈에 보이는 꽃들이 아니었음을,
내 옆에 있었으면서 내가 미처 깨닫지 못하였던 모든 것이
꽃으로 상징된 것이었음을 뒤늦게 공감하였다.

더구나 첫 구절에서부터

　　내가 그의 이름을 불러 주기 전에는

그는 다만
하나의 몸짓에 지나지 않았다.

와 같이 하필 '몸짓'이란 어휘가 선택되었다는 건
바른 몸 움직임을 연구 중인 한 사람으로서 묘한 감흥을
불러일으킨다.

운동하는 이에게 꽃은 무엇일까.
운동하는 관점에서 새롭게 해석된 꽃의 의미는 무엇일까.

이름을 불러주기 전이라는 것은 몸 안의 한 점인 '그것',
즉 코어[核]를 인식하기 전이다.
설령 소리 내어 이름 부를 수 있게 된 사람을 흉내 내 보아도
이름을 참되게 인식하지 못하였다면 불러도, 불러도 공허할 뿐이고
몸을 움직여 봐도 참된 움직임이 아니다.

내가 그의 이름을 불러 주었을 때
그는 나에게로 와서
꽃이 되었다.

어느 날 문득 '그것'을 알고 난 후
손을 뻗어 아무리 잡으려 하여도 잡히지 않았던 꽃,

정작 '그것'은 바로 내 안에 있었음을
마음의 눈이 떠진 후 마침내 깨닫는다.

    내가 그이 이름을 불러 준 것처럼
    나의 이 빛깔과 향기에 알맞는
    누가 나의 이름을 불러 다오.
    그에게로 가서 나도
    그의 꽃이 되고 싶다.

그러므로 꽃이 나고 내가 꽃이다.

    우리들은 모두
    무엇이 되고 싶다.
    나는 너에게 너는 나에게
    잊혀지지 않는 하나의 의미가 되고 싶다.

한번 체험한 '그것'은 참으로 강렬하여 잊을 수 없다.
이제 나는 '그것'을 잊지 않는다.
이제는 헤매지 않고 오직 '그것'만을 바라볼 뿐이다.
내가 그것을 잊지 않듯,
그것 역시 내 안에서 점점 더 큰 이름이 되어간다.

이것이 운동을 통해 본 꽃의 비밀(the secret)이다.
비밀은 비밀인데 다 들어내어도 볼 눈 없는 사람은
볼 수 없기 때문에 비밀이 된 것이다.

최하의 비밀은 나만 알고 남은 모르도록 치사하게 숨긴 것이고
중간의 비밀은 수많은 반복을 통해
몸에서 우러나와 저절로 깨닫는 것이고
최상의 비밀은 너무 쉽고 간단해
사람들이 설마 그게 비밀이라고 믿지 않은 것이다.

신묘한 도를 물어 보았더니 무위자연이 비결이란다.
믿기지 않는 게 당연하다.

감추어져 있기 때문에 비밀이 아니고
들을 수 있는 만큼만 들을 수 있고
볼 수 있는 만큼만 볼 수 있기 때문에
그것 너머에 있는 '꽃'을 자각하지 못하는 것이다.

최상의 비밀은 언제나
중간의 비밀을 통해서만 접근할 수 있다.

중간의 비밀을 통하지 않고

최상의 비밀에 접근하는 방법은 없는 것 같다.

인생 최대의 감동은 처음 '꽃'을 보았을 때다.

내가 겨우 도달한 비밀은 별 것 아니지만
이 간단한 것조차 언어로는 전달이 잘 되지 않는다.
하물며 최상의 비밀은 말해 뭣하겠는가.

인간의 마음을 크게 혼과 백으로 나눌 수 있다.
혼은 벼락이 내리치듯 깨닫는 즉시 '그것'을 본다.
백은 몸과 더불어 천천히 뒤따라온다.

그러므로 비밀을 알았다고 삶이 곧바로 바뀌는 건 아니다.
그에 상응하는 쿵푸(工夫)를 쌓아 올리는 데
시간을 투자하지 않으면 안 된다.
얼마만큼 시간을 투자하면 될까.
나 같은 범인에게는 평생을 다 써도 아깝지 않을 만큼
가치 있는 길이다.

'꽃'은 단전(丹田)을 통해 드러난 '몸 나'다.
'몸 나'는 몸의 '참 나', 곧 아트만(atman)이다.
아트만은 몸 안에 깃든 브라만(Brahman)이다.

인도 철학에서 말하는 브라만은 우주 그 자체이지만
현실적으로 생각해 볼 수 있는 브라만의 최대 크기는
지구가 적당하다고 본다.
지구와 '몸 나' 사이에는 중력이라는 만유인력이 항상 작용한다.
'몸 나'는 항상 지구를 느낀다.
'몸 나'는 지구와 통신을 주고받는다.

지구에 코어[核]가 있듯
몸에는 무게 중심이 있다.

지구가 자전과 공전을 하듯
몸 또한 중심축이 회전하고 무게 중심이 이동한다.

지구는 안정된 궤도를 돌고 있으므로 태양에 먹히거나 이탈하지
않듯 몸 또한 균형을 잘 잡을 수만 있다면
아무 억지힘을 쓰지 않은 상태로 무위의 움직임을 따르게 된다.

07 공(空)

인도 신 중에 인드라(Indra=因陀羅)라는 천둥, 번개의 신이자 전쟁의
신이 있는데 불교에서는 제석천(帝釋天)이라 하여
불법을 수호하는 신으로 명칭과 역할이 바뀌었다.
인드라가 사는 궁전에는 그물이 하나 걸려 있는데
그물코가 매우 투명해서
하나의 그물코가 전체 그물코를 모두 투영한다고 한다.
즉 하나의 그물코 안에 전체 그물코가 다 보이고
하나의 그물코가 변하면 나머지가 모두 영향을 받아 변하는 것이다.

그러므로 구석의 아주 작은 변화조차
모든 그물이 단계적으로 영향을 받지 않을 수 없다.
한 마리 작은 나비의 날개짓이 바다 건너에 큰 폭풍을 몰고 오거나
가을에 한 송이 국화꽃을 피우는 것과 아무 관계없어 보이는
봄 날 소쩍새 울음도 같은 맥락에서 이해할 수 있는 것이다.

평범한 개인이 이 거대하고 장엄한 세계를 직관적으로 통찰할 수

있는 능력을 갖기는 거의 불가능할 것이다.

이것과는 비교조차 할 수 없을 만큼 매우 간략, 소박하기는 하지만
운동을 통해 인드라의 그물과 비슷한 모델을 상정해 볼 수는 있다.

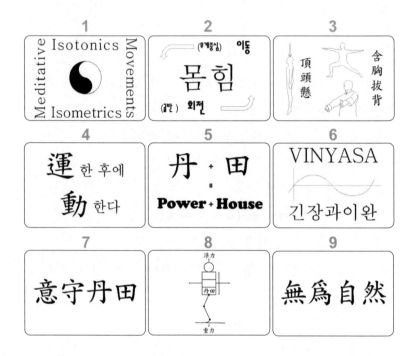

위 그림은 전에 사람들에게 걷기 수업을 하였던 연습실 벽에
나름 깨달은 핵심적인 몸 움직임의 원리를 정리해 붙여 놓은 도표다.
이 아홉 가지 요소들 중 아무거나 하나를 깨달으면
나머지 여덟 개는 저절로 이해된다.

또한 아홉 가지 중 아무거나 하나를 이해한 단계만큼만
나머지 여덟 개를 이해할 수 있다.
마치 인드라의 그물코처럼 아홉 개중 하나를 잡고 당기면 나머지
여덟 개가 같이 딸려온다.

예를 들어 그림에 임의로 붙인 번호대로 1번부터 시계 방향으로
설명을 시도해 본다면 바른 몸만들기를 위해
1번, 아이소토닉, 아이소메트릭, 명상적 움직임의 세 요소를
중점으로 하여 평소 꾸준히 수련해야 하고 그렇게 되면
2번, 몸 힘을 쓰기 위한 근육, 다시 말해 무게 중심 이동과 골반
회전을 잘 하기 위한 토대가 마련되고,
이같은 움직임이 원활히 되기 위해서는
3번, 몸을 세로로 펴는 척추 펴기와 몸을 가로로 펴는 등
펴기가 무엇인지를 몸으로 이해할 수 있어야 하고,
이때에 6번, 경직이 아닌 긴장과 무기력이 아닌 이완이 조화를 이룬
매우 특별한 흐름(Vinyasa)이 생겨나고,
이러한 흐름에 몸을 내맡겨 팔, 다리에 힘을 거의 쓰지 않은 채로
움직이는 것이 9번, 무위자연이고,
이렇게 되면 척추가 바르게 펴지게 되어
8번, 땅과의 상호작용으로 중력을,
하늘과의 상호작용으로 부력을 느낄 수 있고,
이러한 흐름과 느낌이 지속되려면

7번, 항상 마음이 단전으로부터 떠나지 말아야 하고,

마음이 단전에 머물기 위해서는 뇌가 명령내리는 대로

팔, 다리를 바로 움직일 게 아니라

6번, 뇌가 단전을 운(運)하게 하고, 단전이 팔,

다리를 동(動)하게 할 수 있어야 하고,

이와 같이 전체 몸 움직임을 제어하는 것은 뇌가 아니라 5번, 단전 =

파워하우스다.

이번에는 3번부터 반시계 방향으로 설명을 시도해 본다면

3번, 척추 펴기와 등 펴기를 이해해야

2번, 바른 무게 중심 이동과 골반 회전이 가능하고

그럼 몸 힘이 나오는데 몸 힘을 잘 쓰기 위해 1번, 아이소토닉,

아이소메트릭, 명상적 움직임 수련이 꼭 필요하고

뇌가 팔, 다리를 바로 움직이면 안 되고 항상 4번, 운(運)하고

동(動)하는 순서를 따라야 하고

동(動)하기 전 운(運)하는 원리가 곧 7번, 의수단전이고

마음을 단전에 머물게 했을 때 8번, 지면과 잇닿은 발의 중력의

반작용이 척추를 타고 위로 올라가 부력을 느끼게 되고

나아가 단전을 일부러 의식하지 않아도 스스로 그러한 원리를

따르게 될수록 9번, 무위자연에 더 많이 접근한 것이고

무위자연에 접근하게 될수록 6번, 긴장과 이완이 조화를 이룬

매우 특별한 좋은 흐름(Vinyasa)을 느끼게 되고

이와 같이 전체 몸 움직임을 제어하는 것은 뇌가 아니라 5번,
단전 = 파워하우스다.

몸 힘과 관련된 몇 가지 개념을 갖고 인드라의 그물을 모델링하였듯
몸 힘쓰는 과정을 갖고 연(緣)하여 일어남(起),
즉 연기(緣起) 개념을 다음과 같이 모델링할 수 있다.

몸 힘은 넓은 범위로는 파워하우스,
좁게는 몸 안의 한 점인 '그것', 코어[核]를 이용할 수 있을 때에만 쓸
수 있는데,
'그것'이 운(運)하면
이로 인해 척추가 바로 서고
이로 인해 회전이 일어나 방향이 결정되고
이로 인해 체중이 이동되고
이로 인해 탄력이 생겨나고
이것이 모여 큰 힘, 즉 몸 힘이 나온다.

이 과정을 역순으로 하면 몸 힘은 '그것'에 도달하게 되는데 바로
이 부분에 대단한 역설이 존재한다.
연기 과정이 그러하듯 몸 힘쓰는 과정도 여기에서 멈추지 않고
더 깊이 들어간다.
'그것'을 쓰기 위하여 '그것' 쓰겠다는 마음을 버려야 하는 것이다.

마음을 잊어버릴 때, 다시 말해 무심(無心) 또는 무념(無念)할
때에만 '그것'이 운한다.

연기로부터 공(空), 즉 무아(無我＝anatman)라는 결론이 도출되었듯
몸 힘의 실체를 쫓다 보면 결국 무심(無心) 또는 무념(無念)에
가 닿게 될 것으로 기대한다.

지금 현재 내가 가고 있는 길의 목표는 대단히 현실적인데
몸 힘의 과정을 아주 작은 의심조차 남김없이 온전히 깨닫는 것이다.
이 길의 끝에 뭐가 있을지 알지 못하지만
아무튼 이 길이 궁극의 '그곳'에 다다르는 방편으로서의 역할을
잘 해주리라 내심 바라는 마음은 있다.
이와 같이 두 원리가 비슷하게 닮아 있기 때문에
저절로 든 생각이다.

무념에 가까워지기 위한 연습은 항상 유념이다.
무념은 유념의 공이 쌓이는 중 평소 생활하는 가운데 뭔지 모르게
가끔 나타났다 사라진다.

운동의 관점에서 무위(無爲), 즉 공(空)을 깨닫기 위해서는
우선 '몸 나(atman)'를 알아야 한다.
반드시 몸 나를 먼저 안 뒤 몸 나를 부정하는 과정을 통해서만이

공(쏘)에 도달할 수 있다.

몸 나를 모른 채 즉시 공(쏘)에 도달하는 길을 나는 전혀 상상조차 할 수 없다.

화이트헤드(Whitehead)는 그의 저서 『이성의 기능』에서, 이성(reason)은 삶의 기술을 증진시키기 위하여,

　첫째, 살고(to live)
　둘째, 잘 살고(to live well)
　셋째, 더 잘사는 것(to live better)

을 추구한다고 하였는데, 몸 힘을 아는 과정 또한 이와 같아

　첫째, 움직이고,
　둘째, 잘 움직이고,
　셋째, 더 잘 움직이는 것

에 불과하다.

움직일 땐 코어[核]의 존재를 못 알아차렸을 때고,
잘 움직여질 땐 마음의 눈으로 코어를 보았을 때고,
더 잘 움직여질 땐 애써 찾은 코어를 잊은 후다.

그럼 몸은 무위자연의 길을 따라 움직이게 된다.

몸은 늘 개혁과 혁명을 반복하며 끝없이 변화하는 존재이다.

변화하지 않는 몸이란 곧 죽음이다.

아니, 죽음 이후에도 몸은 또 다른 방식으로 끝없이 변화하여
결국 흙으로 돌아간다.

08 음양·사상·팔괘

어렸을 때 읽었던 한 전래 동화에서 '한 시골 선비가 역경이라는
어려운 책을 읽고 있다'라는 구절에서
『주역(周易)』이라는 책이 있음을 처음 알았던 것 같다.
주역 본문을 처음 읽어 본 것은 30대 전후 무렵이다.
한글 번역본으로 읽다 잘 이해 안가는 부분만 한문 원본을 참고하여
읽었다.

주역은 신비한 책이라는 인식이 두루 퍼져 있다.
주역에 이론적 기초를 두고 만든 것은 완전하다는 고정관념이 있다.
예를 들어 김용의 무협소설 『사조영웅전』에서 여주인공이 위기에
몰렸을 때 주역에 근거한 방어진을 쳐 적을 못 들어오게 막을 수
있었다는 건 무협소설로서는 얼마든지 상상가능한 일이겠으나
현실에서 그런 완벽한 진법은 있을 수 없는 게 당연하다.

무엇보다 주역이 신비한 책으로 알려지게 된 건
이것이 점서(占書)였다는 점일 것이다.

그 때문에 이것을 공부하면 미래를 알 수 있다는
환상을 갖게 된 듯하다.
주역과 관련하여 내심 기대하였다 크게 실망한 것 또한 이 부분이다.
주역 점은 결국 확률 놀이다.
고양이 목에·방울달기처럼 방울만 달면 최고인데 정작 안전하게
방울을 달 방법이 없듯 괘를 해석하는 것은 참으로 그럴듯하지만
괘를 추출해내는 방법이 우연 그 자체인 것이다.
공부를 얼마 안 해도 주역 점은 누구든 볼 수 있다.
동전을 여섯 번 던져 나오는 앞뒷면에 따라 여섯 효를 추출한 다음
해당 괘를 설명해 놓은 부분을 찾아 읽어 본 후 현재 상황에 맞추어
적절히 썰[說]을 풀면 된다.
정식 방법은 동전 던지기 대신 산가지를 갖고 여러 번 복잡한 과정을
거쳐 효를 추출하기는 하지만
그건 주역점을 좀 더 그럴싸하게 보이기 위한 형식에 불과하고
본질적으로는 동전 던지기와 별반 차이가 없다.

주역으로 미래 예측이 가능하다면 당장 써 먹을 곳이 있겠다.
주식이다.
시시각각 변동하는 주식 시장에서 주역 이론을 바탕으로
족집게처럼 주가 변동을 예측하여
워렌 버핏(Warren Buffett)에 버금가는 부자가 될 순 없을까?
물론 불가능하다.

그게 가능했다면 진작 펀드 매니저들이 너도 나도 주역을
대단히 열심히 공부했을 것이다.
예측 가능한 미래라는 건 주역에 전적으로 의존하기보다
한 개인의 선견지명 능력에 크게 좌우될 수밖에 없다.
복잡한 계산을 하기 위해 옛사람들이 주판을 사용하였듯
주역은 효(爻)의 의미와 효가 변화하는 과정을 체계화한
도구일 뿐이다.

내가 처음 주역을 접하였을 땐 『계사상전』을 근거로
무극 또는 태극에서 음양, 즉 음효와 양효가 나오고
효를 두개 겹쳐 사상(四象)이 나오고
효를 세개 겹쳐 팔괘가 되고
팔괘를 두 번 겹쳐 64괘가 만들어진다고 이해했다.
그러나 현재 나는 몇 가지 이유로 괘가 만들어지는 순서가
무극에서 64괘로 나가는 연역적 방식이 아니라
64괘에서 팔괘로 정리되어지는 귀납적 방식으로 주역이
만들어졌다고 본다.

효는 양효(—)와 음효(--) 단 두 가지밖에 없다.
이 체계는 전형적인 2진법 체계다.
컴퓨터 프로그래밍을 생계를 위한 직업으로 삼고 있는 탓에
2진법은 꽤 친숙한 편이다.

효를 쌓으면 괘가 되는데

3개를 쌓으면 팔괘, 즉 2의 3승 = 8가지 괘가 나온다.

태극기 주변을 감싸고 있는 네 종류 괘 때문에

어렸을 때 팔괘를 외운 순서는 건, 곤, 감, 리, 진, 손, 간, 태였다.

대다수 주역 관련 책에 나온 팔괘 순서는

건, 태, 리, 진, 손, 감, 간, 곤이다.

처음엔 왜 그런지 잘 몰랐는데

알고 보니 2진법으로 계산한 숫자 나열이지 않은가.

— = 1, —— = 0 이라 하면,

— = 1 * 1 +

— = 1 * 2 +

— = 1 * 4 = 7 이다. 즉, 건(乾)괘는 숫자로 7에 해당한다.

—— = 0 * 1 +

— = 1 * 2 +

— = 1 * 4 = 6 이다. 즉, 태(兌)괘는 숫자로 6에 해당한다.

— = 1 * 1 +

—— = 0 * 2 +

━ = 1 * 4 = 5 이다. 즉, 리(離)괘는 숫자로 5에 해당한다.

━━ = 0 * 1 +

━━ = 0 * 2 +

━ = 1 * 4 = 4 이다. 즉, 진(震)괘는 숫자로 4에 해당한다.

━ = 1 * 1 +

━ = 1 * 2 +

━━ = 0 * 4 = 3 이다. 즉, 손(坤)괘는 숫자로 3에 해당한다.

━━ = 0 * 1 +

━ = 1 * 2 +

━━ = 0 * 4 = 2 이다. 즉, 감(艮)괘는 숫자로 2에 해당한다.

━ = 1 * 1 +

━━ = 0 * 2 +

━━ = 0 * 4 = 1 이다. 즉, 간(坎)괘는 숫자로 1에 해당한다.

━━ = 0 * 1 +

━━ = 0 * 2 +

━━ = 0 * 4 = 0 이다. 즉, 곤(巽)괘는 숫자로 0에 해당한다.

몸 움직임의 관점에서 무극은 움직임이 일어나기 전의 상태,
혼돈이다.
다시 말해 뇌가 단전 또는 '그것'에 아직 신호를 보내기 전이다.

뇌로부터 단전이 신호를 받음으로써 비로소 음과 양이 갈라진다.
바른 움직임이란 반드시 운(運, 떠오름)한 후에 동(動)해야 하고
동(動)한 뒤에 운(運, 가라앉음)하는 것이 반복되는 것이므로
음을 운(運)한 것, 양을 동(動)한 것으로 볼 수 있다.

음과 양을 두 개 겹침으로써
태양, 소음, 소양, 태음의 사상(四象)이 생긴다.
앞에서와 마찬가지로 태음은 운(運), 태양은 동(動)이다.
소양은 빈 컵에 물이 점점 차오르듯
움직이기 전 척추와 등이 단계적으로 펴지는 것,
솥에 물을 넣고 불을 지펴 끓기를 기다리는 것,
소음은 컵에 가득 담긴 물이 표면장력을 이기고 마침내 넘친 것,
최대정지마찰력을 넘어 드디어 바퀴가 굴러간 것,
움직이고자 하는 열망이 극에 달해 마침내 첫번째 중심 이동이
일어나는 과정으로
이해할 수 있지 않을까?

사상에 괘를 하나씩 더 얹으면

소성괘(小成卦), 즉 팔괘(八卦)가 만들어진다.
상당히 관념적이었던 효의 의미가 팔괘에서부터는
드디어 구체적인 현실을 표현하는 도구로 사용된다.
앞에서와 마찬가지로 곤괘는 운(運), 건괘는 동(動)이다.
그런데 이렇게 동(動)을 전혀 내포하지 않은 운(運)과
운(運)을 전혀 내포하지 않은 동(動)은 현실에서는 있을 수 없다.
즉 건괘와 곤괘는 상징성만을 담고 있는 이론적인 것이다.
따라서 변화하는 현실을 반영하고 있는 괘는
이 두 개를 제외한 나머지 여섯 괘다.

곤에 가까운 숫자 1-3에 해당하는 괘는 운(運)을,
건에 가까운 숫자 4-6에 해당하는 괘는 동(運)을 형상화한다고 보고
다음과 같이 나름의 해석을 시도해 보았다.

숫자 1에 해당하는 간괘는 산(山)을 상징한다고 한다.
산처럼 바르게 척추 펴기를 하여 서 있는 형상이다.
잘못하면 경직이 올 수 있음을 주의해야 한다.

숫자 2에 해당하는 감괘는 물[水]을 상징한다고 한다.
『노자』의 상선약수(上善若水) 편에서와 같이
대체로 물은 좋은 인상이다.
그러나 주역에서 물은 험난하다는 의미로 사용되곤 한다.

척추 펴기는 반드시 이완이 전제되어야 하지만
이완을 무기력함으로 잘못 오해하면
몸의 기둥이랄 수 있는 척추마저 부실하게 만들 수 있다.
그 점을 경계하는 의미로 받아들일 수 있겠다.

숫자 3에 해당하는 손괘는 바람[風]을 상징한다고 한다.
배가 돛을 펴 바람을 맞이할 준비를 하는 것,
척추 펴기에 이은 등 펴기에 의해 몸 전체를 늘린 상태다.

숫자 4에 해당하는 진괘는 우뢰[雷]를 상징한다고 한다.
첫 일보를 내딛기 직전,
첫번째 낙하와 회복(fall & recovery)을 위해
의도적으로 균형을 무너뜨린 순간이다.

숫자 5에 해당하는 리괘는 불[火]을 상징한다고 한다.
불은 흩어진다는 의미를 같이 담고 있다.
무게 중심이 뒷발에서 앞발로 이동하는 순간의 모습,
앞발 앞꿈치가 들려 있고, 뒷발 뒷꿈치 또한 들려 있어
무게 중심이 어느 한쪽에도 속해 있지 않아 균형을 유지하기가
어려운 상태, 이 고비를 잘 넘기기 위해 척추 펴기를 잘 유지할 수
있어야 한다고 해도 과언은 아니다.

숫자 6에 해당하는 태괘는 연못[澤]을 상징한다고 한다.

무사히 무게 중심 이동이 끝나 앞발에 중심이 온전히 이동된 상태,

들 떠 있는 척추를 서서히 가라앉히고

다음 움직임을 준비하는 것.

✿⓽ 리비도

현재 내가 글쓰기를 통해 하고 있는 작업들은
신비주의로 도배되어 있던 소위 기(氣)나 도(道)에 관한 것들을
기나 도라는 용어를 가급적 사용하지 않으면서
기나 도를 논리적으로 설명하려는 시도였다고 말할 수 있다.
그 동안 상당한 성과가 있었다고 자평한다.
옛날에 신비스럽게 설명되어졌었던 것들 대부분이
근육의 쓰임과 척추 펴기, 등 펴기, 중심 이동, 코어 회전으로
거의 설명이 가능해졌다.
설명이 불가능한 것들은 거짓말이거나 초과학이거나 둘 중 하나다.

무협소설을 읽다 보면 중국 사람들 허풍이 얼마나 센지
짐작하고도 남음이 있는데
허풍이 심하기로는 인도 사람들도 만만치 않은 것 같다.
아니 그 이상이다.
그 중 쿤달리니(kundalini)에 관한 내 생각을 말해보려 한다.

쿤달리니는 모든 인간이 갖고 있는 일종의 잠재능력으로서
회음부 쪽에 위치하고 마치 뱀이 똬리를 틀고 있는 것과 같은
형상으로 잠자고 있다고 한다.
이것을 깨우는 것을 '각성'이라 부르는데
각성이 시작되면 기경팔맥(奇經八脈) 중 이른바 충맥(衝脈)에
해당하는 경로를 따라 잠 자는 뱀 같았던 것이 단전(丹田),
즉 차크라(chakra)를 타고 백회혈까지 올라간다고 한다.
정확한 출처는 모르겠으나
동양에서 임맥(任脈)과 독맥(督脈)을 따라 기(氣) 돌리기를 성공시킨
뒤 다시 그 기(氣)를 전신으로 보낼 수 있다고 하는 방법과 대비된다.
쿤달리니 각성은 일단 성공만 했다 하면 엄청난 초능력을 얻을 수
있는 대신 실패하면 후유증으로 인해 심지어 폐인이 될 수 있다며
조심스레 충고하는 척 겁을 준다.

의도적으로 기(氣)를 돌린다는 게 정확히 뭔지 잘 모를 뿐 아니라
설령 그런 짓이 가능하다고 한들 결정적으로 몸 힘과는 그다지
관계없다고 본다.
저런 걸 열심히 수련해서 몸 힘이 나온다면
당장 국가대표 선수들이 너도 나도 기 돌리기를 열심히 하지
힘들게 역기를 들었다 놨다 할 리 없기 때문이다.
호흡법이 중요하다는 것에는 당연히 공감하지만
호흡법만 갖고는 안 된다.

덕(德)이 쌓이는 진짜 쿵푸는
오직 잘 유념해서 무념에 다다르는 길 밖에 없다.
유념, 즉 근력 운동과 축 세워 걷기, 회전하기 연습을 통해서만이
무념, 즉 무위자연적 움직임에 도달하기가 가능하다.

그렇다고 인도 사람들간에 수천년이나 회자되어진 개념을
거짓이라고 전적으로 부정하는 건 대단히 경솔한 짓인 것 같아
꽤 오랜 시간 고민을 거듭하고 개인적 수련 경험을 더하여
얼핏 말이 안 되는 듯 보이는 이 개념을 스스로도 납득 가능한,
말이 되는 설명으로 바꾸어 보았다.

왜 그것을 똬리를 틀고 잠자는 뱀이라 묘사한 것일까.
쉽게 설명하기 위해 사람들이 흔히 쓰는 표현 두 가지를 예로
들겠다.
큰 힘쓰기 전 "아랫배에 힘주어라(=뱃심을 써라)",
그리고 정력 좋아진다고 소문 난 "항문에 힘주어라"는 표현이다.

이 둘은 서로 관계없어 보이지만
내가 보기엔 같은 의도를 담고 있는 표현이다.
먼저 아랫배에 힘을 주다 보면
뱃가죽을 조이는 힘의 여파가 배꼽에서 항문 쪽 방향으로
범위를 넓혀가며 더 깊숙한 곳까지 미치고,

괄약근을 조이다 보면 이번에는 힘의 여파가 항문에서 배꼽 쪽
방향으로 범위를 넓혀가며 더 깊숙한 곳까지 미치게 되어
서로 교차되는 영역이 있게 된다.
이 영역 안에 하단전,
즉 스바디스타나 차크라(Svadhishthana Chakra)가 존재한다.
이를 그림으로 풀어보면 다음과 같다.

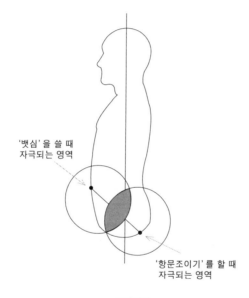

'뱃심'을 쓸 때
자극되는 영역

'항문조이기'를 할 때
자극되는 영역

쿤달리니

요가에서는 이런 식으로 몸 안쪽 조이는 것을 가리켜
반다(Banddha)라고 하는데, 내가 확신하기로 쿤달리니 각성의
시작은 항문조이기(=물라반다)를 통해 몸 안쪽에 있는 하단전을

자극(=우디야나 반다)시키는 방법일 거라고 본다.
반다에 익숙해질수록
파워하우스를 훨씬 더 효율적으로 사용할 수 있다.
우짜이(Ujjayi) 호흡을 하는 이유도
숨구멍 좁히기(=잘란다라 반다)를 통하여 하단전을 조이는데
결정적 도움을 얻을 수 있기 때문이다.

괄약근 더 안쪽에 있는 근육은 평생에 단 한 번도
써본 적 없는 사람이 많다.
그렇다는 건 이것을 수축하고 이완시킨다는 개념 자체가
이해하기 어렵다는 얘기다.
뱃심 쓰기와 항문 조이기를 지속적으로 하다보면 마침내 '그곳'
자극시키는 법을 터득하게 될 것이다.
그 후 알게 되는 느낌은 사과를 못 먹어 본 사람에게 사과 맛
설명하기가 거의 불가능한 것과 마찬가지로 말로 표현하기 어렵다.
아마 이런 느낌 때문에 뱀이 똬리를 틀고 있다고 표현한 게
아닐까라고 생각한다.
몸 안 깊은 곳을 조일 수 있게 되었으니 이 다음엔 그 힘을 이용하여
꼬리뼈에서부터 목뼈에 이르는 척추 마디마디가 스스로 그러하게
퍼지는 체험으로 이어져야 한다.
아마 이것을 가리켜
뱀이 차크라를 타고 올라간다고 한 게 아닐까 생각한다.

자세를 반듯하게 세우라고 아무리 강조한들

그게 말처럼 쉽게 되는 건 아니다.

이 방법은 무위자연적 척추 펴기에 접근하기 위한

매우 훌륭한 방편이다.

이 과정을 실기와 이론 모든 면에서 잘 이해하였다면

상당한 쿵푸(工夫)를 쌓았다고 보아도 될 것 같다.

쿤달리니 각성에 의해 에너지가 충맥을 타고 차크라를

하나하나 열 때마다 초능력이 발휘된다는 식의 설명이

상식을 뛰어넘는 어떤 진실을 담고 있다 할지라도

나 같은 보통 사람에겐 도저히 믿을 수 없는

황당한 이야기일 뿐이다.

반면 지금 내가 시도한 설명은

쿤달리니를 문자 그대로 믿는 이들에게는

수준 이하로 보일지언정 누구나 이해할 수 있는

지극히 합리적인 설명이지 않은가?

이 가운데 신비한 건 아무 것도 없고

도리어 이런 식의 쿤달리니라면 바르게 척추 펴기를 체험하기 위해

모든 수련자가 시도해보아야 할 필수 코스이고

수련하다 폐인 될 위험성 따위는 일절 없다.

'잠자는 뱀깨우기', 즉 '뱃심 쓰기'와 '항문 조이기'법 사이에서

공통적으로 자극되는 속근육은 성 에너지와 관련이 깊다.
이 대목에서 자연스럽게 연상되었던 것이
프로이트(Sigmund Freud)의 리비도(Libido) 개념이다.
리비도는 라틴어로 '욕망'을 뜻하는데 프로이트는
성적인 것으로 범위를 국한하여
성본능이나 성충동으로 사용하였다.
따라서 리비도가 제한을 받으면 성적 억압이 일어난다.

같은 논리로 몸 힘을 쓰고자 하는 욕망을 충족하기 위하여
잠자는 쿤달리니를 깨움으로써
성 에너지를 극대화 시키지 않으면 안 된다.
하지만 여러 가지로 애를 써 봐도 쿤달리니는 쉽게 깨어나지 않는다.
몸 힘을 쓰고자 하지만 뜻대로 되질 않으니 답답하고 짜증이 나
억압으로 발전한다.
프로이트를 깊이 있게 공부한 것은 아니라
피상적이거나 몰이해일 수 있다는 위험에도 불구하고
용기를 내어 개인적 견해를 더 피력해 보자면,
그는 임상 경험을 통해 성적 억압이 정신에 미치는 영향이 매우
크다는 사실을 알고 있었다고 보여지지만,
왜 하필 성적 억압이 그토록 큰 비중을 차지하고 있는지까지는
잘 몰랐을 거라고 본다.
쿵푸(工夫)가 일정 수준에 다다른 사람만이 성 에너지의 중요성을

절감할 수 있기 때문이다.

융(Carl Gustav Jung)이 처음엔 프로이트를 따르다 나중에
결별하게 된 이유 중 하나가 모든 문제를 지나치게 성적 억압
개념으로만 바라본다는 점이었다고 하는데,
운동 체험을 근거로 지금 설명한 방식으로 확대된 의미 속에서는
쿤달리니가 깨어나는 것과 성적 억압이 없어지는 게
같은 사건이 되어 매우 중요해진다.

억압으로부터 벗어나 몸 힘을 쓸 수 있으려거든
한 몸 안에 근력과 유연성, 즉 양과 음이 충돌 없이 평등하게
공존해야 한다.
그러므로 남자는 근력에 버금가는 유연성을 확보해야 하고
여자는 유연성에 버금가는 근육량을 늘리지 않으면 안 된다.

중국 무술에는 연정화기(練精化氣)란 말이 있다.
단련을 통해 몸 안의 정(精)이 기(氣)로 화(化)한다는 말을
이해하기는 어렵지만 아무튼 정(精)은 곧 정액,
즉 성 에너지의 근본이 되는 물질을 가리키는 것이므로
이것 또한 성 에너지를 잘 제어할 수 있어야 함을 암시한다.
게다가 연정화기로 끝이 아니다.
연정화기 후 연기화신(練氣化神)하고,
연기화신 후 연신환허(煉神還虛)한다.

이 또한 직관적으로 이해하기 어려운 말처럼 보이지만

정(精)과 기(氣)를 몸으로 보고,

신(神)은 아트만(Atman)이고,

허(虛)를 공(空)과 같은 개념으로 이해한다면

결국 앞에서 설명한 논리를 따른다.

⑩ 유체이탈

내 또래 대부분 남자들은 어린 시절 무술 만화와
무협지를 보며 자랐다.
이런 종류의 책에는 공중부양, 경공술, 장풍, 탄지신공, 축지법,
유체이탈 등 황당무계한 기술이 당연한 듯 나온다.
철없을 땐 수련만 하면 정말 이런 게 가능한 줄 알았다.

척추를 펴고 코어를 회전시키고 무게 중심 이동에
아무 거칠게 없이 잘 걸을 수 있게 되면
종종 구름 위를 걷듯 좋은 기분이 들 때가 있다.
심지어 몸무게가 가벼워진 느낌마저 든다.
절대로 몸이 공중에 뜨는 건 아니지만
소설이라면 얼마든지 과장할 수 있다.
공중부양, 경공술 등은 그렇게 나왔을 것으로 예상한다.

분산된 힘을 순간적으로 한 곳에 집중시키는 요령을 터득하면
큰 몸 힘이 나온다.

큰 몸 힘은 아주 잠깐 나타났다 사라지는 특징이 있다.
크게 당겨진 활에서 막 떠난 화살처럼
잠재된 폭발력이 극대화 된 힘이다.
물론 손이 닿지도 않은 물건을 어쩌지는 못하지만
소설이라면 얼마든지 과장할 수 있다.
장풍, 탄지신공 등은 그렇게 나왔을 것으로 예상한다.

축지법에 관해서는 절대로 현대의 마라톤 선수보다
더 빠르게 이동하는 건 불가능하다고 본다.

무협지에는 세상에 존재하지 않는
이른바 무공비급이라는 책들이 나온다.
예를 들어 〈동방불패〉란 영화에 나오는 '규화보전'에 적힌 대로
수련하면 할수록 남자가 여자로 변한다.

모든 운동의 궁극적 목적은
바른 몸만들기에 있다 해도 과언이 아니다.
바른 몸만들기를 통해서만
바른 자세를 시종일관 유지하기가 가능하다.
바른 몸만들기 핵심은 코어[核] 주변의 속근육을 단련하는 것이다.
일반적으로 남자는 힘이 좋고 여자는 유연성이 좋다고 한다.
바꿔 말하면 남자는 유연성이 부족하고 여자는 힘이 부족하다.

그러므로 남자는 유연성을 키워야 하고 여자는 힘을 키워야 한다.
서로 상반되는 저 두 가지 요소가 몸 안에 조화를 이루어야
몸 힘을 쓸 수 있다.
남자는 여성적 장점을, 여자는 남성적 장점을 얻어야 하는 것이다.
아마 이로부터 '규화보전'이라는 무협지적 과장이
비롯되었을 거라고 본다.

이같은 상식의 세계에서 내가 짐작하는 유체이탈은
자기 관찰이 과장된 것이다.
혹독한 수련을 통해 얻는 초능력이 아니라
발상의 전환을 통해 얻는 일종의 느낌이다.
늘 거기에 있었던 것이지만 사람의 마음 자세가 바뀌면
전혀 다르게 보이는 현상과 같은 것이다.

이 때 대상은 나다.
정확히는 자신의 육체다.

사람은 '나는 기쁘다', '나는 슬프다', '나는 걷는다',
'나는 배고프다'고 말하고 생각한다.
나와 육체가 떼려야 뗄 수 없는 관계로 설정되어 있다.
따라서 육체를 통해 전달되는 생리적, 감정적 느낌을 동기화하여
그것을 나의 느낌이라고 굳게 믿는다.

관점을 바꾸어 '이 육체가 기뻐한다', '이 육체가 슬퍼한다',
'이 육체가 걷는다', '이 육체가 배고파한다'고 하면
이 때의 나는 육체 그 자체가 아니고
육체를 관찰하는 관찰자의 입장이 된다.
걷는 것은 육체이지 내가 아니다.
육체와 내가 일체가 되어 움직이고 있음에도 불구하고 나는
먼발치에서 육체를 관찰하듯 바라본다.
마찬가지로 배고픈 것도 육체이지 내가 아니고,
희로애락의 감정도 육체라는 경로를 통해 나에게 전달될 뿐이다.
즉 발상의 전환을 통해 나와 육체를 '논리적으로' 분리시켰다.

무술 고수나 수련을 깊이 한 고승이 유체이탈을 쉽게 할 수 있다는
말을 듣기는 했지만
나는 유체이탈을 경험했거나 할 줄 안다는 사람을 직접 만나 본 적
없을 뿐더러 그런 말 하는 사람과 과연 정상적 대화가 가능할지조차
의심스럽다.

독행(獨行)

옛날엔 서양 사람들은 서양 것,
동양 사람들은 동양 것만 배우면 되었다.
요즘 사람들은 저것과 이것 모두 배워야 한다.
뿐만 아니라 비교적 생소하였던 다른 계통의 사상들까지
관심을 갖고 지켜봐야 할 온갖 것들이 넘쳐난다.
배워야 할 분량이 옛 사람의 몇 배, 몇 십 배나 된다.

01 독행(獨行)

중세 유럽 지식인들은 기독교를 알면 되었다.
르네상스 시기를 지나며 그리스 철학과 예술이 재조명되었다.
근대가 되자 과학이 기술과 만나 산업혁명이 일어났다.

한자 문화권에 속한 사람들은
유가(儒家)와 도가(道家)를 알면 되었다.
유가에서 법가가 나왔고, 도가에서 노장사상이 나왔다.
인도로부터 들어온 대승 불교가 당나라 때 절정에 이르렀다.
송나라 때 주자학과 양명학이 생겨났다.

옛날엔 서양 사람들은 서양 것,
동양 사람들은 동양 것만 배우면 되었다.
요즘 사람들은 저것과 이것 모두 배워야 한다.
뿐만 아니라 비교적 생소하였던 다른 계통의 사상들까지
관심을 갖고 지켜봐야 할 온갖 것들이 넘쳐난다.
배워야 할 분량이 옛 사람의 몇 배, 몇 십 배나 된다.

대충 개요만 파악하려 해도 상당한 시간이 필요하다.
하지만 고생 끝에 이 많은 걸 다 읽었다고 해도
한 개의 화살로 여러 과녁을 일시에 관통시키듯
오직 '하나'인 원리를 모른다면 무슨 의미가 있겠는가.

몸 공부, 즉 쿵푸를 쌓으면 쌓을수록 점점 더 확실해져가는
궁극의 앎이란 결국 무위자연뿐이다.
각자 따로 놀던 팔, 다리를 특별한 무게 중심,
즉 단전(丹田)의 통제 아래에 둔다.
단전 = '몸 나'다.

'그것'을 알고자 오랜 세월 수많은 짓을 다 하였다.
어떤 건 효과가 있었고
어떤 건 시간낭비였고
심지어 어떤 건 거짓말이었다.

그런데 그 때 당시 효과가 있다고 느꼈던 것이
정말 효과가 있었던 것이었나?
냉정히 돌이켜보면 아니다.
시간이 흐르고 보니 다 부질없는 것에 불과하였다.
이런 자기반성이 늘 반복하여 일어난다.

마침내 알게 되는 건
인간의 모든 노력을 무색케 만들고,
인간이 하는 모든 궁리를 압도해 버리는,
보이지 않고 들리지 않고 만져지지 않지만
거기에 있는 거대한 힘의 존재다.

무기력하고 쓸모없어 보였던 무위자연이라는 힘,
그 힘이 만법귀일, 즉 만 가지 법의 어미인 그 '하나'였던 것이다.

'하나'는 불인(不仁)하다.
지극한 정성을 쏟으면 본래 불인한 '하나'마저
감천(感天)시킬 수 있는지는 모르겠다.
다만 지극한 정성을 쏟으면 저절로 되어가는 이치를
'나'가 알게 되는 것만은 틀림없다.
'몸 나', 즉 단전을 써서 움직여야 몸 힘, 즉 참 나가 드러난다.
그래서 열심히 단전을 알기 위해 수련을 하였는데
애써 찾은 단전을 움켜쥐고 있으면 더 깊은 단계로 들어갈 수가
없다는 걸 알았다.
'몸 나'를 찾은 뒤에는 '몸 나'마저 잊어버려야 한다.
무위의 궁극은 결국 '나'를 지우는 것이었다.
흐름에 몸을 싣기 위하여 '나'를 지워야 함을
'나'가 알게 되는 것이다.

단전마저 잊어 버려야 진짜 몸 힘이 나온다는 역설은
나를 당황케 했다.
오랜 세월 공들여 쌓은 것을 부정하지 않으면 안 되었기 때문이다.
참 나라고 생각했던 것이 사실은 참 나가 아닐 수도 있다는
상황과 처음 마주하였을 때 괴로웠다.
'나'를 스스로 지우지 못해 괴로운 것이다.
괴로워하는 '나'는 애당초 없는 거라고 앞서 가신 분들은 증언한다.
그래도 지금 '나'는 '나'로 인하여 괴롭다.
이 단계에서 자칫 절망에 빠지면 결론은 허무주의에 가 닿는다.
아마도 이건 거짓된 진실,
즉 진실이라고 착각할 수 있는 거짓일 것이다.
나 또한 꽤 오랜 시간을 이 지루한 싸움에 소비하였고
지금도 여전히 진행중이다.
아무런 의문점 없이 온전히 이것을 극복할 때까지는
이 길 가는 걸 멈출 수 없다.
과연 내 평생 저 산을 다 오를 수 있을까?

'독행(獨行)' 장은 『오륜서(五輪書)』를 쓴
미야모토 무사시(宮本武藏)가 남긴
'독행도(獨行道)'라는 시에서 차용한 것이다.
짧은 내용이니 전문을 인용해 보겠다.

세상의 도리를 배반하지 않는다.

모든 것에 대해 편애하지 않는다.

육체적인 낙을 삼간다.

일생 동안 욕심 부리지 않는다.

선악에 대해 남을 원망하지 않는다.

매사에 후회하지 않는다.

이별에 슬퍼하지 않는다.

자타가 서로 원한 살만한 구실을 만들지 않는다.

연모할 생각을 갖지 않는다.

매사를 좋거나 나쁘게만 생각하지 않는다.

거처할 집을 원하지 않는다.

오래된 도구를 지니지 않는다.

내 한 몸을 위해서 사치스러운 음식을 좋아하지 않는다.

나의 것을 훔친 사람을 미워하지 않는다.

병장기 이외의 자신만의 도구를 고집하지 않는다.

도(道)에 관한 것이라면 죽음도 두려워하지 않는다.

노후를 위해 재산을 축적하지 않는다.

신불(神佛)을 존중하나 신불에게 의지하지 않는다.

마음은 항상 병법에서 떠나지 않는다.

위 내용이 좋은 말씀이라는 건 알겠는데
나 자신 단 한 줄이라도 만족스럽게 실천하기는

대단히 어렵다고 느낀다.

가까운 또는 먼 미래에 한 두 개쯤 깊이 공감할 수 있는 대목이
나에게도 생기길 기대할 따름이다.

이어지는 글들은 2012년 현재,
사십 몇 년 인생을 산 한 개인의 독백과 같은 기록이다.
물론 상당한 확신을 갖고 쓴 것이다.
그러나 가깝거나 먼 미래에도 여전히 같은 견해를 갖고 있을지는
알 수 없다.

나 보다 더 먼 길을 가고 계신 분들이라면
이 글이 유치해 보일 수도 있을 것이다.
반면 이 길을 가던 중 나와 같은 문제로 헤매고 있거나
지금 가는 길이 맞는지 틀린지 확신이 없는 분들도 있을 것이다.
그런 분들에게 조금이나마 도움이 되지 않겠는가 하여
몇 자 글을 남겨 본다.

02 무술과 몸

대부분 가르침이라는 건 두 가지 경우에 속한다.

첫째, 책에서 읽었거나 남으로부터 들은 걸 전달하는 것.
둘째, 자신이 겪은 체험담을 들려주는 것.

전자는 지식 전달자이고, 후자는 일종의 길 안내인 같은 것이다.

뭔가를 가르치는 사람이 가져야 할 첫째 덕목은
누구에게도 뭘 가르칠 수 없다는 사실을 직시하는 것이다.

컴퓨터 파일 복사하듯 타인의 깨달음을 그대로 갖기는 불가능하다.
책 내용이나 깨달은 이의 경험담이 상당히 중요한 힌트가 될 수는
있겠지만 본인의 눈물겨운 노력 없이는 아무 것도 성취할 수 없다.
뭔가를 깨달았다면 그건 본인이 죽도록 노력하였기 때문이다.

내가 남을 위해 할 수 있는 최선은 길 안내인이다.

여행가가 자기가 다녀온 경험을 기행문으로 남겨
사람들에게 도움을 주듯 직접 체험한 몸의 길을
다른 이들과 공유하는 것뿐이다.

내가 처음 나섰던 길에서 만난 방편은 무술이었다.
고도 비만까지는 아니었지만 이십대 때 나는 뚱뚱한 편이었고
매일 컴퓨터 앞에 앉아 키보드만 두드려대었기 때문에 몸 상태가
상당히 안 좋아 운동의 필요성을 느껴
다니던 회사 근처 도장을 찾아 간 것이 무술과의 첫 만남이었다.
굳이 무술 도장을 선택한 것은
대부분 남자들이 갖고 있는 무술에 대한 갈망(?) 때문이다.

내가 처음 배운 무술은 태견이다.
당시만 해도 태견은 상당히 베일에 가려져 있었다.
전통 무술이라는 점 또한 매력적이었다.
초등학생들밖에 없어 다니기 창피한 태권도장과 달리
이곳은 성인들이 주축이었다.

3년 정도 시간이 흐르자 나의 관심은 무술 전반으로 확대되었다.
기회 닿는 대로 이 무술, 저 무술을 조금씩 배웠다.
이 무렵 나의 운동 재능이 어느 수준인지 대충 가늠을 해 보니
몸치는 아니지만 뛰어난 점도 없는,

다시 말해 지극히 평범한 수준에 불과하다는 것을 자각했다.
재능을 타고난 사람들과 비교가 될수록
아무리 노력해도 저 사람들을 따라잡을 수 없겠다는 생각이 들었다.
똑같이 수련해서 동등한 단계로 올라설 수 없다면
나만의 방법을 찾아야 했다.
'급할수록 돌아가라', '기본이 중요하다'는 말을 좇아
새삼 기본기 수련에 집중하게 된 것 역시 이때부터라고 할 수 있다.

그로부터 몇 년이 지나고 나자 나는 기술 습득 위주의 기본기
수련보다 더 근본적인 수련이 체력 단련이었음을 받아들였다.
무술 수련은 발질이나 주먹질이나 넘어뜨리기 같은 걸 연습하는
것이고 근력 운동은 무술 연습이 아니라는 이 간단한 고정 관념에서
벗어나는 것도 상당한 시간이 걸렸다.
근력 운동이야말로 필생의 수련임을 자각한 순간이
내게는 코페르니쿠스적 전환이라 할 수 있을만한 일대 사건이었다.
무술은 방편에 불과하다.
산(山) 자체가 아니라 누군가 먼저 가 봐서 생겨난 산길 같은 것이다.

또 그로부터 몇 년이 지나고 나서야 나는
무작정 체력 단련하는 것이 능사가 아니고
코어[核], 즉 단전을 깊이 알아가는 수련이야 말로 진짜 체(體)요,
기본중의 기본이요,

옛 사람들이 책으로 남겨놓았으나 내가 이해하지 못했던
비결이었음을 간신히 깨달았다.
코어를 단련하고 코어 쓰는 법을 깊게 알수록
더 큰 몸 힘이 나오는 것이다.
이제 나의 관심은 태껸에서 무술로, 무술에서 몸으로 확장되었다.

모 TV 철학 강의에서 개혁과 혁명의 차이를 설명하는 걸 들었는데
한자로는 별 차이가 없는 두 단어지만 영어로는

개혁(改革) = 리포메이션(reformation)

혁명(革命) = 리볼루션(revolution)

에서 보는 바와 같이 큰 차이점을 발견할 수 있다고 한다.
개혁은 기본 축은 그대로 놔둔 상태에서의 변화이고
혁명은 기본 축 자체를 바꾸는 변화를 가리킨다.
지난 십 수 년 간 부지불식간 소소한 깨달음에 다다를 때마다
늘 혁명적이라고 자부해왔지만
돌이켜보면 대부분 리포메이션에 불과했었고,
단전 또는 파워하우스에 처음 눈을 떴던 그 때가
유일한 리볼루션이었다.

바르게 몸만들기를 하여 쿵푸가 쌓인 후에는

세상의 모든 운동에 쉽게 접근할 수 있다.
처음 나는 무술 고수가 되고 싶은 바람으로
바른 몸만들기의 길을 찾았었다.
막상 그 길을 찾고 나니 무술 고수가 되고 싶은 마음이
거의 사라졌다.

무술 수련을 그만 두니 오랜 갈등 하나가 저절로 사라졌다.
무술의 본래 목적은 폭력, 나아가 살인인 것이므로
제아무리 무덕이니 인성을 강조한들 절대로 무술은 이로부터
자유로울 수가 없다.
반복 수련을 통해 인간성이 좋아진 사람을 무술 고수라 하지 않는다.
폭력 기술의 달인이 무술 고수다.
그런데 '싸움만 잘하는 무식한 놈'이라는 이미지를
기꺼이 수용할 무술인은 없으므로
함부로 폭력을 쓰지 않는 착한 사람,
싸움도 잘하고 인간성도 좋은 사람으로 인정받길 원한다.
공존할 수 없는 두 요소를 한 몸에 구현하려 하니 엄청난 충돌이
일어났다.
이 때문에 내가 아는 대다수 무술인들은 보통 양극단에 서 있었다.
한 쪽은 평소 대련 한번 안 하고 기법을 수년 내지 수 십 년
반복한 뒤 막연히 나는 고수라는 착각 속에서
권법 자랑, 검법 자랑이나 하고

또 다른 쪽은 '실전'이 뭔지 올바른 개념 정립조차 하지 않은 채
실전에서 사용될 수 없는 기술은 다 쓰레기로 여기고
오직 실전, 실전만을 외쳐댄다.

무술 수련을 하는 동안 자신을 적절한 중간에 놓기는 대단히 어렵고,
거의 반드시 둘 중 하나를 선택하지 않을 수 없을 것이다.
나 또한 예외가 아니다.
폭력과 덕성을 한 몸, 한 정신에 구현하고자 하는 난제에 대해
나는 명쾌한 답을 내리지 못하였다.
가식적이기는 싫고 지나치게 단순하기는 더 싫고
수련을 하면 할수록 나를 괴롭혔던 폭력성에 대한 근본적 거부감은
점차 자연스럽게 나를 무술로부터 멀어지게 했다.
더 이상 자신을 무술가라 지칭할 수 없게 되어 버렸지만
무술 수련을 하는 동안 줄곧 나를 괴롭혔던 문제 또한 시원하게
사라져 버렸다.
『노자』 31장에 나오는,

兵者不祥之器 非君子之器
(병자불상지기 비군자지기)

병기는 좋지 못한 것이므로 군자가 쓸 것이 아니다.

는 구절을 두고 갈등할 필요가 없어진 것이다.
비빔밥을 만들어 먹으려는데 거치적거렸던
폭력이란 재료를 빼버리니 어떻게 잘 비벼야 하나
고민할 필요 없이 그냥 내 쿵푸만 잘 쌓으면 된다.
이제 내가 쌓으려는 쿵푸는 매우 단순해졌다.
코어[核], 즉 단전을 깊이 파고 들어가 덕(德)을 계속 쌓을 뿐이다.
내가 이 길을 발견할 수 있었던 건 썩 좋지 못한 것,
즉 폭력 기술을 쫓다 옆길로 샌 덕분이다.
자꾸 달을 가리키는 손가락이 몸을 통해 다가갈 수 있는 더 높은 곳,
더 깊은 영역으로 향한다.

03 신비주의

거리에서

   "기나 도를 아십니까?"
   "복 있어 보이시네요."

따위 정해진 대사로 말을 거는 사람들로 인해
불쾌감을 느낀 경험들이 있을 텐데
나와는 생각이 어딘가 많이 달라 보이는
이 사람들의 정체는 별로 관심이 없고
다만 이런 부류 사람들이 기(氣)와 도(道)라는 말을
심하게 왜곡하여 이제는 함부로 이 용어를 쓸 수 없는 지경에까지
이르렀다는 게 씁쓸하다.
말하는 사람과 듣는 사람 모두 기와 도를 알고 있지만
각자 머릿속에 들어있는 기와 도의 이미지에 큰 차이가 나 버렸다.
아무개가 "귤!" 하면 듣는 이 또한 마땅히 귤을 연상해야 하고
적어도 오렌지나 레몬까지는 봐주겠는데 사과나 배를 연상해

버리면 말이 통하지 않는 것과 같다.

영화 〈스타워즈〉에 나오는 제다이(JEDI)들은

포스(force)를 이용한다.

포스를 이용할 줄 알면 초능력이 생긴다.

이 신비스럽기 그지없는 포스의 정체는 사실상 기(氣)다.

무협지에 나오는 인물들은 기(氣)를 이용하여

공중부양을 하거나 장풍을 쏜다.

세상에 이런 기(氣)는 존재하지 않는다.

현실과 무협은 쉽게 구별할 수 있을 것 같지만

경계점은 의외로 모호하며 논란의 여지가 많다.

돌이켜보면 나 또한 신비주의로부터 탈피하기 위해

얼마나 많은 시간이 걸렸던가.

예를 들어 장풍은 누구나 거짓이라는 것에 쉽게 동의하지만

점혈법(혈도술)은 긴가 민가 한다.

하지만 이와 비슷해 보이는 침술은 오랜 세월 병든 이를

고치는 데 이용되었다.

침술의 명백한 효험으로 인해 현재 과학적으로

명확히 규명되지 못하고 있음에도 불구하고

경락의 존재를 부정하는 것이 더 이상한 사람 취급을 받는다.

그래서 나는 과학 아닌 것을 다시 비과학과 초과학으로

구별할 필요를 느낀다.

비과학은 말 그대로 미신이고, 초과학은 미래에
규명될 여지를 갖고 있는 이론들이다.
앞의 예에서 점혈법은 비과학이고(침으로 겨우 찔러야 하는 걸
손으로 어찌 해 보시겠다고?), 경락은 초과학에 해당한다.
물론 초과학 중 일부는 훗날 비과학으로 밝혀지게 될 것들도
있을 것이다.

아무나 할 수 없는 놀라운 파괴력으로 뭘 부수었다면
기물을 파손한 것이고
누군가를 다치게 했다면 폭력 기술에 불과한 것,
주변인들로부터 "저 사람은 강하다"는 말 한마디 듣고자
십년, 이십년 부수고 깨는 수련을 반복한들 과연 삶의 끝에 이르러
무엇을 성취했다 말하기는 어려울 것 같다.
이 모두가 자기 자랑에 해당할 뿐 자기 발전을 위한
수련과는 관계가 없다.
도(道)는 '길'이고
도사(道士)는 그저 '한 길 가는 사람' 정도면 족하다.
불가사의한 신통력을 부릴 줄 아는 신비한 존재가 아니다.

내가 하는 수련은 오직 척추 세우고, 등 근육 펴고, 회전 잘하고,
무게 중심 이동 잘하는 거 그것밖에 없다.
그럼 잘 걸을 수 있게 된다.

이걸 열심히 하다보면 어느 날 문득 몸 안의 한 점과 만난다.
그게 단전 또는 코어[核]다.

단전 주변의 근육을 발달시키기 위해 근육 운동을 해야 한다.
심장이 약하면 곤란하니까 때때로 동네 주변을 달린다.
목표는 없고 과정만 있다.
단지 그 뿐이다.

지금까지 내가 해 왔던 작업들은 과학적 사고를 통해
혹세무민하는 신비주의의 허구를 밝혀내는 것이었지만
그렇다고 신비주의를 전면 부정하는 건 아니다.
수련은 늘 산 넘어 산이다.
이 산만 오르면 다 끝날 것 같아 열심히 올라가면 그 뒤엔
더 높은 산이 나타나곤 한다.
비록 낮은 산일지라도 처음 올라가서 본 산의 광경은
말로 다 설명할 수 없다.
말로 다 설명할 수 없으니 이 또한 신비주의인 것이다.
신비롭고 기묘한 '그것'을 자신은 보았지만 남과 느낌을
공유할 수는 없는 것,
그래서 이 길 가기는 고독하다.

고독보다 더 깊은 곳에는 자신과 타인을 향한

연민의 감정이 있는 것 같다.

영화 〈와호장룡〉에 나오는 이모백이 수련 도중 느꼈다고

증언한 깊은 슬픔이라는 게

주인공을 무술 고수로 보이게끔 시나리오 작가가 적당히 만들어낸

상상에 불과한 건지도 모르지만

나 또한 이따금 운동을 하는 도중 이와 비슷한 격정에

휩싸였던 때가 있다.

04 돈오점수(頓悟漸修)

늘 왔다 갔다 하던 길에서 새삼 뭔가를 발견한다.
없다가 새로 나타난 게 아니고 있었는데 못 보았던 것.
들을 귀 없어 못 들었고, 볼 눈 없어 못 보았던 것.

똑같은 사물을
어떤 이는 조금만 볼 수 있고
어떤 이는 많이 볼 수 있고
어떤 이는 모두 본다.

앎이란 사물은 그대로인데 보는 눈이 바뀐 것이다.
내가, 내 안이 변한 것이다.
마치 다시 태어난 것 같다.
눈을 가렸던 색안경을 벗고 사물을 볼 수 있게 되었기 때문이다.

그러나 몸에 붙어 있는 훈습(熏習)은
쉽게 바뀌지 않는다.

이 때 인간은 괴롭다.

자신이 하는 행동이 온통 가식처럼 느껴진다.

그러므로 노력해야 한다.

앞서 간 마음을 몸이 부지런히 좇아 하나가 될 때까지.

색안경 하나 벗었다고

끝이 아닌 것이다.

간신히 마음이 몸을 따라왔다 느껴질 즈음 또 다른 색안경을 벗는다.

그러므로 인간은 또 노력해야 한다.

앞서 간 마음을 몸이 부지런히 좇아 하나가 될 때까지.

순간의 깨달음을 돈오(頓悟)라 하고

단계적 수련을 점수(漸修)라 한다.

첫째 경우.

단지 취미로 뭔가를 재미삼아 하던 어느 날

문득 우연히, 말 그대로 뭐가 뭔지 모른 채

어쩌다 갑자기 강렬한 체험을 한다.

느낌은 이내 사라지지만 잔상은 남는다.

내가 원한다고 그런 경험을 또 할 수 있는 것은 아니다.

시간이 갈수록 대체 그게 뭐였는지 궁금하다.

그래서 찾아 나선다.

길을 나서긴 했지만 이정표나 지도가 없어 수많은 시행착오를
온 몸으로 겪는다.

그러던 어느 날 마침내 그것의 정체를 어렴풋 깨닫는다.

드디어 출발점에 도달한 것이다.

이와 같이 돈오로 시작하여 점수 + 돈오 + 점수가
계속 반복되는 경우가 있다.

둘째 경우.

자신은 그다지 내키지 않는데
옆에서 강요하는 통에 마지못해 뭔가를 한다.

어제, 오늘, 그리고 내일 똑같은 일상이 반복된다.

어느 날 문득 평소와 다름없이 기계적으로
늘 하던 걸 하는데 뭔가 전혀 다른 느낌이 전해진다.

느낌이 점점 선명해지는가 싶더니
어느 순간 확 차올라 넘쳐 깜짝 놀란다.

비로소 '아, 이게 바로 이런 거였나?' 자각한다.

예전에 마지못해 억지로 주워듣긴 했으나
뭔 뜻인지 전혀 몰랐던 퍼즐 조각들이
머릿속에서 착착착착 질서 있게 제자리를 찾아간다.

어제, 오늘, 그리고 내일 똑같은 일상이
이제는 아주 많이 재밌어졌다.
이와 같이 점수로 시작하여 돈오 + 점수로 이어지는 경우가 있다.

이 두 사례의 차이점은 돈오와 점수를 경험하는 순서다.
즉 첫번째는 돈오를, 두번째는 점수를 먼저 경험했다.
공통점은 최후에는 모두 점수로 귀결된다는 것.
이를 통해 길 가는 사람은 더 높은 단계로의 도약을 체험한다.
평생 몇 번 도약을 할지는 알 수 없지만
분명한 것은 더 올라갈 곳 없는 데(=無上)에 다다를 때까지
멈추지 않아야 한다는 것이다.

한 분야에 돈오점수(頓悟漸修)가 깊어지면
여러 분야에 돈오돈수(頓悟頓修)도 가능해진다.

오랜 세월 검술을 수련한 사람은 검술이란 방편을 통해
코어[核]를 본다.
다른 무기술을 익히고자 할 때에 학습 속도가 보통 사람보다 몇 배

빠를 수밖에 없는 것이다.

바르게 걸을 수 있게 되었을 때
다른 움직임을 보는 즉시 이해하는 눈을 뜬다.

한 단계 도약할 때마다 보는 즉시 이해할 수 있는 것들이
비약적으로 늘어난다.

원리를 아는 사람한데 현상은 과학일 뿐이다.
원리를 모르는 사람한테 현상은 마법 같아 보인다.

05 거듭남

고대 동양 신화에 등장하는 삼족오(三足烏)는
태양에 사는 세발 달린 까마귀 또는 검은 새다.
고대 이집트 신화에서는 비누(bynw)란 새가 태양에 산다고 한다.
비누가 그리스로 건너가 피닉스(phoenix)가 되었다.
흔히 피닉스를 불사조(不死鳥)로 번역하는데
이건 좀 문제가 있다고 본다.
피닉스는 500년마다 스스로 몸을 불태워 죽은 뒤
남은 재 속에서 부활한다.
죽지 않는 새가 아니라 저녁에 졌던 태양이 아침에 떠오르듯
끝없는 소멸과 재생을 반복하는 새인 것이다.

인도 신화에서 시바(shiva)는 파괴의 신이다.
파괴는 완전한 멸망이 아닌 새로운 시작을 의미한다.

그리스 신화에서 시지프스는 끝없이 바위를
산꼭대기로 밀어 올려야 한다.

힘들게 산꼭대기까지 올려놓으면
바위는 다시 굴러 처음으로 되돌아온다.

기독교 경전에서 사람은 물과 불로써 거듭나지 않으면
하느님의 나라에 들어갈 수 없다고 한다.

물은 차가운 것, 불은 뜨거운 것을 상징한다고 할 때
서양 철학의 관점에서 물은 이성적 논리에 해당하고
불은 감성적 직관에 해당한다고 할 수 있을 것이다.
몸의 관점에서 물은 유연성을,
불은 근력을 가리킨다고 할 수 있을 것이다.
움직임의 관점에서 물은 이완, 불은 긴장이라고 할 수 있을 것이다.
그러므로 물과 불이 한 몸 안에서 공존해야 하고
이완과 긴장이 잘 조화를 이루어야
몸은 좋은 흐름을 타고 움직일 수 있다.
물과 불을 통하여 다시 태어나기를 체험하지 못하고서는
하느님의 나라, 즉 억지로 힘을 쓰지 않아도
저절로 움직여지는 무위자연의 세계로
문을 열고 들어갈 수 있는 길은 없는 것이다.

수련은 끝없이 바위를 산꼭대기로 밀어 올리는 미련한 짓이다.
아무도 박수를 쳐주지 않는다.

공자의 말씀처럼 '도를 얻으면 내일 죽어도 여한이 없다'는
결연한 마음가짐 없이
평생 이 길을 중단 없이 가기는 쉽지 않다.

쿵푸(工夫)는 아무리 불을 지펴도 안 타오르는 연료와 같다.
연료에 불붙이기가 지겹고 힘이 든다.
그런데 한번 불붙으면 아주 잘 탄다.
한번 불을 붙이면 그 다음부터는 타오르는 재미에 푹 빠진다.
그러나 한번 불 붙였다고 거기에 머물 수만은 없다.
또 다른 연료에 불을 붙여야 한다.
처음 불붙이기보다 더 쉬울 수도 있고 곱절은 더 힘들 수도 있다.
피닉스가 자신을 불태운 뒤 다시 태어나듯
다시 태어나기는 늘 고통을 수반한다.

몸은 생명 활동을 유지하기 위한 단순한 유기체가 아니다.
마음과 이토록 밀착되어 있는 자신의 몸만큼 다시 태어나기 위한
이상적인 수련 도구는 없다.
몸을 통한 체험을 등한시하여 생긴 문제가 너무나 많았다.
수많은 갈래 길 중 어느 길이 옳은 길인가
판단을 내리지 못하게 되어 버린 것이다.
체험이 빠진 말장난은 사람들을 기만할 뿐 아니라
불필요한 혼란을 초래할 뿐이다.

몸이 중요하다.

몸을 통한 체험과 깨달음이 있어야 한다.

각각으로 찢어져 있던 학문들이 몸 안에서 하나의 큰 덩어리로

통합되는 바를 경험해야 한다.

그렇지 않은 말과 글은 공허하기 짝이 없다.

『도덕경』 첫 장을 상기해 본다면 무위자연은 절대적인 개념이

아니다.

언제나 상대적인 것이다.

과거보다는 오늘, 오늘보다는 미래에

더 무위자연에 아주 조금씩 근접한 것으로 충분하다.

배가 항해하기 위해서는 먼저 배를 물 위에 띄운 다음(=運)

돛을 펼쳐 방향만 정해주면

나머지는 바람이 가는 대로 저절로 움직인다(=動)

바람을 거스르기 위해 배에 엔진을 달면 되지만

그럼 심각한 에너지 낭비가 일어난다.

인간이 해야 할 것은 그저 바르게 돛 펴는 길을 아는 정도뿐이다.

배가 가는 건 자연이 스스로 그러하게끔 한다.

06 소통

매일 아침 나는 운동을 한다.
운(運)하고 동(動)하는 이치를 깨닫고자 운동을 한다.
지금 나에게 있어 이 시간은 매우 소중하다.

단련이란 체(體)와 용(用)이 끊임없이 서로를 자극하는 관계다.

속근육(inner muscle) 기르는 연습을 체(體)라 하고
바르게 몸 움직이는 연습을 통해
'그것'을 자각하는 것을 용(用)이라 한다.
역으로 '그것'을 자각하는 만큼 속근육이 단련된다.

체(體)를 통해 용(用)을 알고
용(用)이 깊어질수록 무위(無爲)에 접근한다.

몸은 그야말로 거짓이 없다.
수련을 통해 '그것', 즉 코어[核]를 조금씩 깨달아가는 이 세계는

그 자체로 순수하고, 순수하기 때문에 아름답다.
항상 근본에 '그것'이 자리 잡고 있기 때문에
체(體)와 용(用)이 교감할 수 있는 것이다.

그러나 바깥세상은 그렇지 않다.
바야흐로 '소통'의 시대라지만 『노자』 18장 첫 문장에,

　　　大道廢有仁義(대도폐유인의)
　　　대도가 사라지니 인의가 생겼다.

는 말과 같이 지금 이 사회는 여기저기가 꽉 막힌 상태이기 때문에
더 절실하게 소통을 바라게 된 것 같다.

소통을 하려거든 '나'와 나 아닌 사람, 즉 '타자'가 있어야 한다.
어떤 사람은 타자와 타인을 구별한다.
타자는 어린 왕자에 나오는 장미처럼 특별한 관계를 맺고 있는
존재인 반면 타인은 우연히 같은 전철을 탄 사람처럼
같은 공간 속에 있지만 아무 교감이 없는 관계라는 것이다.

무위자연을 알면 당연히 소통이 잘 된다.
그러나 사람과 사람 사이의 소통은 무위자연하기가 결코 쉽지 않다.
유감스럽게도 모든 사람은 쉽게 거짓말을 할 수 있기 때문이다.

궁극적으로는 사람과 사람 사이에 원활한 소통이
이루어지는 것이 이상적이겠으나
그 전에 올바른 수신(修身)을 위하여 거짓을 모르는
순수한 타자인 '몸 나'와의 소통이 우선되어야 한다고 본다.

사람들은 내 몸을 내 것이라고 쉽게 생각하지만 결코 그렇지 않다.
물론 몸은 뇌가 하는 명령을 매우 잘 알아듣고 그대로 실행한다.
말하고 싶을 땐 말할 수 있고,
걷고 싶을 땐 걸을 수 있고,
먹고 싶을 땐 먹을 수 있다.

하지만 심장은 내가 멈추라고 명령 내릴 수 없다.
간은 스스로 알아서 해독 작용을 하고
위는 내가 먹은 음식을 스스로 알아서 혈당이나 아미노산 등으로
분해한다.
음식은 먹고 싶은 대로 먹을 수 있지만
일단 몸 안으로 들어가면 배설되어 나올 때까지
내 의지와 관계없이 곳곳에 매우 큰 영향을 끼친다.

몸은 늘 게으르고 싶어 한다.
몸을 게으르게 놔두면 점점 허약해지고 균형을 잃는다.
몸에 적절한 부하를 주게 되면 몸은 자체적인 위기관리 시스템을

발동시켜 비슷한 위기가 닥쳤을 때
좀 더 쉽게 적응할 수 있도록 스스로를 변화시킨다.

무엇보다 중요한 건, 몸을 통해 움직임을 바른 움직임과
바르지 않은 움직임으로 나눌 수 있음을 자각하는 것이다.
바름과 바르지 않음을 구별하는 기준 자체가 몸에서부터 기인한다.
예를 들어 인간의 몸과 개나 고양이의 몸은 다르다.
사람은 두 발로 걷는 것이 바른 움직임이고
개, 고양이는 네 발로 걷는 것이 바른 움직임이다.

두 발로 걷기만 한다고 다 바른 움직임이라 말할 수 없다.
걷는 주체가 다리인가, 다리가 아닌가를 따져봐야 한다.
걷는 주체가 다리라고 믿는 경우 이것은 바르지 않은 움직임이다.
걷는 주체가 다리가 아니고 몸통 그 자체임을 깨달았을 때
비로소 바르게 움직일 수 있다.
지속적으로 내 몸과 소통함으로써 코어[核]를 깨닫고
나아가 마음의 눈으로 그것을 보는 것이
움직임의 비결이고 비밀이다.
이것이 얼마나 강력하냐면 인간의 모든 몸 움직임에 이 원리가
관통한다.
다시 말해 이 원리에 대입하여 어긋남이 없으면 바른 움직임이고
그렇지 않은 것은 바르지 않다고 단정 지을 수 있을 만큼 강력하다.

나와 가장 가까운 타자는 타인이 아니라 '몸 나'다.
따라서 『노자』 47장,

　　　不出戶 知天下(불출호 지천하)
　　　밖으로 나가지 않고도 천하를 안다.

는 문장은 무위자연스러움을 깨닫는 비결이
멀리 밖에 있는 게 아니라
'나'와 '몸 나' 사이의 소통 가운데 있다는 말로 해석 가능하다.

'나'와 '몸 나' 사이에서 여러 가지 사건들이 일어난다.
나아가 '몸 나'의 또 다른 타자는 지구다.
'나'는 '몸 나'를 매개로 지구와 소통한다.
'몸 나'는 항상 중력의 영향을 받는다.
중력에 저항하여 불필요한 힘을 쓰던 과거에서 탈피하여
점점 더 저항하는 힘을 버림으로써
상대적으로 움직임의 효율을 높이는 것,
이것이 '나'가 '몸 나'를 통해 지구와 서로 교감하고
소통하는 길이다.

07 일일불운동신중생형극

한 때 신문 등에서 운동을 지나치게 하면
'운동 중독' 걸린다고 호들갑을 떨 때
'나도 운동 중독인가?' 스스로 의심을 해 본 적이 있었다.
매일 아침 운동을 하지 않으면
온 종일 몸 상태가 좋지 않기 때문이다.
그러나 그건 아니다.
중독이라는 건 하면 할수록 몸이 안 좋아지고 안 좋아지는 걸
알면서도 본인 의지로 끊을 수 없는 상태를 가리키는 반면
매일 아침 내가 하는 운동은 첫째로 쿵푸(工夫)이고,
둘째로 굳어진 몸을 원상태로 되돌리고자 하는 일종의 의식 같은
것이다.

잠을 자고 나면 '정신 엔트로피'는 낮아지고
'몸 엔트로피'가 높아지므로 높아진 몸 엔트로피 수치를
낮추기 위해 운동을 하지 않을 수 없다.

쿵푸가 깊어질수록

왠지 오늘은 운동이 싫어도

결국 하지 않을 수 없다.

예전에 몸이 둔할 때엔

몇 가지 스트레칭만 해도 몸이 풀린다고 느꼈으나

이제는 몸이 민감해진 탓에

자극이 속근육 깊은 곳까지 도달해야 겨우 몸이 회복된다.

평소 전혀 운동을 하지 않으면서도

자신의 몸이 정상이라고 착각하는 사람에겐

이런 말들이 엄살처럼 비추어질 수도 있을 것 같다.

매일 아침 그날의 몸 상태에 따라 하고 싶은 운동을 골라서 한다.

이 모두가 각자의 방식대로 속근육을 자극시키는 것들이다.

그러나 각각의 운동에 의해 속근육이 자극되는 느낌은 다르다.

매일 머리 감기 귀찮은 데 안 감고 놔두면 하루 내내 찝찝한 기분이

가시지 않듯 매일 운동하는 게 때로는 지겹지만 안 하면 좋지 않은

기분이 가시질 않으니 하기 싫어도 해야만 한다.

『논어』에,

　　一日不讀書口中生荊棘(일일부독서구중생형극)

하루라도 책을 읽지 않으면 입 속에 가시가 돋친다.

고 했는데
그 만큼 책 읽기를 좋아했었다는 게 일반적 해석이겠지만
쿵푸를 쌓기 싫어도 몸 엔트로피를 낮추기 위해
매일 쿵푸를 쌓지 않을 수 없듯
가끔 책을 읽기 싫을 때에조차 정신 엔트로피를 낮추기 위해
책을 읽지 않을 수 없다는 식으로 한 번 더 생각해 보는 것도
가능하리라고 본다.

그렇다면,

一日不運動身中生莉棘(일일불운동신중생형극)
하루라도 운동을 하지 않으면 몸 속에 가시가 돋친다.

라는 식으로도 해석 가능하겠다.

08 휴식

지금까지 누차 강조하였듯 운동을 할 때 정말 중요한 것은
몸 안의 한 점을 깨닫는 것이다.
'그것', 즉 코어[核]를 알면 남의 도움 없이
스스로 바른 자세를 유지할 수 있다.
그랬을 때 운동, 즉 운(運)하고 동(動)하는 원리대로
몸을 움직일 수 있다.
'그것'을 모르면 뭘 하든 진보가 없어 시간 낭비처럼 느껴지지만
사실은 충분히 시간을 허비해야 '그것'을 알 수 있는 것 같다.

근육은 운동하는 동안 생기는 게 아니고 쉴 때 생긴다고 한다.
몸 안의 한 점을 깨닫는 과정도 이와 비슷하다.
휴식이다.
막연히 일상 속에서 쉴 때,
어떤 계기나 조짐도 없이 어느 날 갑자기
'그것'을 아는 때가 찾아온다.
적어도 내 경험으로는 그랬다.

아마 어떤 계기나 조짐이 없었던 건 아닐 것이다.
다만 내가 그 순간을 전혀 느끼지 못했을 뿐이었을 것이다.

좌우지간 깨닫기 직전까지는 혼돈 속에 있었다.
내 힘으로 해결할 수 있는 혼돈이 아니기 때문에
어찌할 바를 몰라 그냥 내버려 둔 채 일상생활을 하였다.
그러다 긴 잠을 자고 일어난 사람처럼 갑자기 눈을 떴다.

언제 내가 '그것'을 처음 인식했었는지
정확한 날짜까지는 기억을 못한다.
이 중요한 순간에 대한 기억이 없다는 게 이상하지만 정말로 그렇다.
그 때가 대단히 중요하고 획기적인 전환점이었다는 걸 당시에는
몰랐었단 얘기다.

휴식은 반드시 이완을 수반한다.
운동하는 것도 어렵지만 이완하는 건 그보다 훨씬 더 어렵다.
이완을 잘 할 줄 모르면 참다운 휴식도 없다.
대체 어떻게 쉬어야 잘 쉬는 것일까.
'그것'을 깨달은 날부터 진짜 이완이 가능해진다.
휴식을 해야 '그것'을 알 수 있다고 해 놓고
'그것'을 알아야 진짜 휴식을 잘 할 수 있다니 모순이다.
'그것'을 자각하는 순간 복잡하기만 했던 것들이

한꺼번에 확 정리가 된다.
그럼 모순이 사라진다.

고행 자체가 대단한 앎을 가져다주는 건 아닌 것 같다.
하지만 고행이 있어야 혼돈이 있고,
혼돈이 있어야 휴식하고 싶어진다.
휴식하고 싶다고 휴식이 되는 건 아니다.
휴식하고 싶은 마음 때문에 더 휴식이 안 된다.
그러다 우연히 한 번 참된 휴식을 체험한다.
그럼 '그것'에 눈을 뜰 확률이 생긴다.

눈을 뜨기 전까지 자기가 눈을 감고 있었다는 것조차 모른다.
한 번 눈 떴다고 끝이 아니다.
나는 지금 또 다른 눈을 뜨려고 노력중이다.
길을 간다는 게 그런 것이다.

국가대표급 체력 기르려고 운동하지 않는다.
이른바 몸짱 되려고 운동하지 않는다.
오로지 더 깊게 '그것'을 알려고 이 짓 한다.

❀⑨ 적자생존

적자생존(適者生存, survival of the fittest)은
영국 철학자이자 경제학자인 스펜서(Herbert Spencer)가
1864년에 쓴 『생물학의 원리(Principles of Biology)』라는 책에,

> 내가 여기서 이야기하려 했던 적자생존은
> 다윈이 '자연선택(自然選擇, natural selection)'이라고 했던
> 것이며 생존 경쟁에서 가장 좋은 종족이 살아남는다는 것을
> 의미한다.

라고 한 대목에서 처음 등장하는 말이다.
『종의 기원(On the Origin of Species)』 4판까지는
'자연선택'을 주로 사용하다
1869년에 나온 5판에서부터 '자연선택'과 동일한 의미로
'적자생존'이라는 단어를 사용하기 시작했다고 한다.

왜 그랬는지 모르겠지만 난 오래도록 적자생존을 '강한 것이

살아남는 원리'로 이해하고 있었다.

즉 적자 = 강한 것이었다.

그러다 몇 년 전 출처가 불분명한 어느 글을 읽다 깜짝 놀랐다.

적자는 강한 것이 아니라 환경에 잘 적응한 것이라는 것이다.

과연 저 말이 옳지 않은가.

적자로서 살아남기 위하여,

다시 말해 자연으로부터 선택당하기 위하여 필요한 것은

강한 힘이 아니라 질긴 힘이고

몸 안 에너지를 효율적으로 소비하기 위한 요령을 아는 것이고

높은 곳에서 기세등등하기보다

낮은 곳에서 수명을 늘일 줄 아는 것이다.

부드러운 것이 끝내 강한 것을 이길 수밖에 없는 원리,

적자생존이 곧 유능제강(柔能制剛)인 것이다.

⑩ 무소유

빈(貧), 가난이 좋아 스스로 가난을 선택하는 사람은
극히 드물 것이다.
사람은 누구나 물욕과 명예욕을 갖고 있다.
아담 스미스(Adam Smith)가 쓴 『국부론』에 묘사된 인간은 욕망을
채우기 위해 노력한다.
그러한 이기적 행동이 결과적으로는 사회 전체의 부를 높인다.
물론 독과점이 전혀 없어 이른바 '보이지 않는 손'이 정상 작동하고
있을 때 얘기이고 실제 현실은 전혀 이와 같지 않다.
부자는 더 부자가 되는 반면 가난은 대물림 된다.

대부분 사람들은 부자가 되기를 바라기보다 굶지 않기를 바란다.
당장 먹고 살 몇 푼의 돈을 얻고자 무한 경쟁 속으로
뛰어들지 않을 수 없다.

어떤 이는 돈이 없는 현실에 스트레스를 받고
어떤 이는 돈을 벌어야 하는 현실에 스트레스를 받는다.

전자의 스트레스가 더 큰 사람은 돈 버는 스트레스를 감내한다.
후자의 스트레스가 더 큰 사람은 돈 없는 현실을 감내한다.

대개의 경우 안빈(安貧)은 높은 경지에 도달한 아라한이
자발적으로 선택하는 게 아니고 처음에는 돈 버는 스트레스가
더 큰 사람이 돈 버는 스트레스를 피해
어쩔 수 없이 선택한 길인 경우인 것 같다.

물욕이 있는 사람은 '돈은 없지만 마음은 편한 상태'를
피상적으로밖에는 이해하기 어려울 것이다.
"아니? 돈이 없는데 어떻게 마음이 편할 수 있지?"라고 반문할
것이다.

거지처럼 완전 무일푼으로 살겠다는 얘기가 아니다.
내가 하루를 생존하기 위해 필요한 것 이외의 불필요한 지출을
차차 줄여나가는 것이다.
그러다 보면 어느 새 군더더기가 전혀 없는 '그것'만이 남는다.
다시 말해 이 또한 무위자연의 이치를 따른다.

처음엔 어쩔 수 없이 선택한 길이었는데
무작정 계속 가다 보니 전혀 뜻하지 않게 새로운 길을 발견한다.
'내일 일을 위하여 오늘 염려하지 않고,

내일 일은 내일 염려할 뿐이고 한 날 괴로움은 그 날로 족함'에
공감하는 길이다.
이것이 낙도(樂道)가 아니면 무엇이 낙도이겠는가.

몸 움직임이 무위자연을 따르면 바른 움직임이 드러나고
언어가 무위자연을 따르면 진실이 드러나듯
소유가 무위자연을 따르면 바른 소유, 즉 무소유가 된다.
천민자본주의가 득세하고 있는 작금의 현실에서는
감히 납득하기 어려운 놀라운 비밀이 아닐 수 없다.
이것이 비밀인 이유는 뭇 사람들이 듣고 거의가 비웃기 때문이다.

나 개인은 솔직히 말해 안빈낙도와 물욕 사이를 오가며
지속적인 갈등을 겪는다.
어떨 땐 안빈낙도의 길을 가는 게 충분히 가능할 것 같다가
어떨 땐 원인이 불분명한 불안한 마음에 휩싸여
가능성 자체를 의심하곤 한다.
일개 범부로서 이렇게 흔들리는 마음은 어쩔 수 없지만
그럼에도 불구하고 내 눈이 어느 방향을 바라보고 있는지는
확고한 편이다.
한국 사회의 미래가 어떻게 변할지 알 수 없고
점점 양극화가 진행되어 가고 있고
불공정 무역 거래 등으로 씨름을 해야 함에도 불구하고

지금 당장은 생존 자체가 절실할 만큼 사정이 어렵지 않으니
욕심을 버림으로써 소박한대로 소극적 의미에서의 무소유는
충분히 가능해졌다.

적극적이든 소극적이든 중요한 것은 마음의 평안이다.
소유욕이 발동하면 절대로 느낄 수 없는 것,
가진 것이 많아 잃을까 전전긍긍해도 느낄 수 없는 것,
난 그저 가능한 한 오랜 세월 가도록
쿵푸(工夫)를 닦을 여유만 있으면 더 바랄 게 없다.

⑪ 흔들리는 깃발

진실은 굉장히 평범하다.
겉보기에는 아무 맛이 없다.
그래서 감동도 없다.

진실은 맛이 없지 않다.
진실은 사실 굉장히 맛있다.
평소에는 맛을 못 느낀다.

내가 할 수 있는 일은 때를 기다리는 것뿐이다.
그 때는 갑자기 왔다 휙 사라지곤 한다.

어느 날 아침,
운동하던 중 소오각성(小悟覺醒)했다.
그 날 온 각(覺)은 마음[心]에 관한 것이었다.

작은 각(覺)일지라도 '그것'을 알고 나면 그제야

'이 당연한 걸 왜 몰랐지?'라고 스스로를 자책하게 된다.

집착의 근본에는 감정이 있다.
감정의 근본에는 마음이 있다.

마음이 감정을 낳고
감정이 집착을 낳는다.

지금까지 나는 돈 좋아하고(=물욕), 여자 좋아하고(=색욕),
높은 자리에 앉으려 하는 것(=명예욕) 따위만 집착인 줄 착각했었다.

그게 아니었다.

사람을 대함으로써 느끼게 되는 감정 뿐 아니라
단지 여기 또는 거기에 놓여 있는 책상, 의자, 나무, 꽃, 자동차 등등
만물을 그저 보는 것만으로 이미 마음은 감정을 갖게 되는 것이었다.

눈으로 보는 모든 것 뿐 아니라
귀로 듣는 모든 것,
코로 맡는 모든 것,
혀로 맛보는 모든 것,
피부로 느끼는 모든 것에 이미 마음은 흔들리는 것이었다.

참말로 그러했다.

깃발이 바람에 흔들리는 게 아니라
마음이 흔들리는 것이었구나.

눈앞에
오르기는 올라야겠는데
까마득하기만 한 높은 봉우리 하나가 나타났다.